カレーライスと日本人

森枝卓士

講談社学術文庫

目次

●本文中のインド・イギリス・韓国の図版は、筆者の撮影による

カレーライスと日本人

序—辛くないカレーと黄色くないカレー

マレー式甘いカレー

まったく辛くない、むしろ甘みさえあるカレーを食べたことがある。マレーシアの片田舎でのことだ。

「これは、まあ、マレー式のカレーの一種ですよ」

英語で説明しながら、出してくれたものは、見た目には明らかにあの黄色いカレー、ただちょっと汁っぽいかなというものだ。

東南アジアの料理を知りたいと思い、各国をまわっているときだった。友人宅やその実家を訪ねたり、たまたま知りあった見ず知らずの人の家にあつかましく上がりこんだりして家庭料理を教わったり、屋台やレストランで食べて、うまいと思ったら「作りかた教えて」とやったりしていた。

その間、ずっと並みの辛さではないものばかり食べつづけていたから、

「どうせまた、痛いくらいに辛いにちがいない」

と思った。熱い風呂に足をいれるときのように、おそるおそる口に運んだ。

そして、熱いはずの風呂が水だったというくらいに愕然《がくぜん》とした。あんまり辛くない

などというものではない。完璧に辛味がなかったのだ。

赤、白、緑のカレーのようなもの

インドネシアのパダン料理の店では、客が店に入ってくると、あるだけの料理をそれぞれの小皿に盛り、テーブルいっぱいに並べる。その中から好きなものだけ食べ、食べた分だけお金を払う仕組みだ。ここでも、黄色が濃かったり、薄かったりの差はあるが、カレーみたいなものがほとんどである。

もっとも、カレーみたいな料理といっても、日本のようにべたべたしたものではない。どちらかというと、さらっとしているインドのそれに近い感じ、もしくは汁ものという感じだ。だから、これこそ徹底的に辛いにちがいない。黄色いとはいえ、少々赤みがさしているものもあるから、三十倍カレーも真っ青のものにちがいない。で、意を決して食べてみる。

すると、それなりに辛くないこともない。が、跳び上がるほどのショックを受けたものはなかった。三十倍カレーの期待も満たされない。

「ジャワカレー」をほうふつとさせる辛さというよりも、お子様向け「バーモントカレー」程度の辛さのものが多かった。中にはマレーシアのそれのように、辛さを感じないものもすくなくなかった。

タイのレストランで、英語のメニューに「タイ・スタイル・カレー」と記されたものを注文したときには、別の驚きをおぼえた。カレーのイメージ、カレーとはこういうものだという先入観をみごとに覆《くつがえ》してくれたからだ。

これは、辛いということを売り物にしている日本のカレーなど比較にならないくらい辛い。インドにもおそらく負けない。まあ辛さのぐあいがちがうから一概にはいえないが、鋭角的な辛さではインド以上だと保証できるものである。なのに、あのカレーのシンボルとでもいうべき黄色、下品な冗談のねたになる黄金色とはまったく無縁なのである。

白っぽいもの、黄緑から緑といった色あいのもの、またやたらと赤いものなどと、とてもカレーとは思えない鮮やかな色あいが並んでしまうのだ。黄色いものもまったくないというわけではないから、全部あわせるとまるで信号じゃないか（そういえば、赤いものがやっぱり一番辛いようだから、「止まれ」ということなのだろうか）。

また、日本のカレーのようなとろみも全然ない。お汁そのものなのである。これをカレーというのなら、味噌汁だって七味唐辛子でもたっぷりと加えたらカレーといえるのではないだろうか。

原風景的カレー

いまどき「カレーとは何だろう」などといったら、変な奴だと思われるにちがいない。わたし自身、まさかそんな小学生でも抱かないだろう疑問を真面目に考えることになるとは思いもしなかった。カレー自体はこだわるに値すると認めても、「何がカレーっていったって、見ればわかるし、だれだってわかっているから、説明しようっていったって……」

だから、カレーとは何だなんて設問はナンセンス、ということになるだろう。

もちろん、「甲子園で高校野球を見ながら食べるカレーが一番」だとか、「カレーといえば中村屋のあれですよ」といった思い入れはそれぞれにあるにちがいない。また、「タマネギをきつね色になるまで炒《いた》めて、秘伝のスパイスの組みあわせで」とか、「おれの作るカレーが一番うまい」、もしくは「人には教えないけれど、あの店のカレーが一番うまいのだ」といった話なら、いくらでも盛り上がっていくにちがいない。また、「おふくろの作るカレー」とか「恐怖の学食、肉なしカレー」など人それぞれのカレー像もあるにちがいない。

　そういったさまざまなカレーの中で、「これが一番うまい」というものには個人差、好みのちがいがあるだろうが、原風景的カレーは日本人全体の共通項的に存在するのではないだろうか。すくなくとも、日本で「ぞうに」という同じ名前で呼ぶ料理が地方によって極端にちがう、といったようなことはおこらないだろう。

おふくろの味から外食へ

　わたし自身のイメージでいわせてもらうと、基本的に子供のころ、母親が作ってくれたものである。肉は豚のこまぎれが普通だった。ほんのときたま、多分給料日の直後のあたりは牛肉だったりもした。そして、シチューの肉みたいに角切りのものもあったような気もするが、多かったのは薄切りの肉である。野菜はジャガイモ、ニンジン、タマネギの黄金トリオ。どれも一口大に切ってあった。タマネギだけはスライスにしてあったような気もする。

　そして、カレー粉と小麦粉を炒めて作った適度の辛さととろみ。やがて、いつのまにかインスタントのルウに変わっていたらしいのだが、いつから変わったかまったく記憶がないから、おそらくは市販のルウの味とさほどちがわないものを母親が作っていたということなのかもしれない。リンゴやニンニクをすって入れたりしていたとあとで教えられた。たしか、昨今のルウよりも黄色みが強かったような気がする。

できあがったカレーはほとんどどこの家でも同じようなものだった。それに、醤油をかける家とソースをかけて食べる家と、ときには卵を割り入れる家と、そして何をかけるのも下品だから、そのままで食べるという家があった。友達の家で御馳走になったりしたときに、あれ、醤油をかけたりもするのか、何かかけるのは下品なのかと、常識のちがいを知らされたりしたのだった。「カレーもちがうのだ」と感じたものである。

よりそっているのは、たいてい福神漬で、家によってはらっきょうもあった。わが家はらっきょう派で、母親が漬けていたものの中でもとくに小振りのものを選んでカレーの横に置いたものだ。

大学に入って、一人暮しをはじめるとカレーの世界も変わっていった。

まずは学食で肉や野菜がさがさないと出てこないような、肉などへたしたらまったく入っていないようなカレーの世話になる。安いのがとりえの学食でも一番安いのがカレーである。月末など金が不足気味のときにはなくてはならないメニューとなる。

それにしても、どこの大学の学食で試しても、ソースや醤油をぶっかけて舌を騙《だま》しでもしないと食べられない、伝説的とでもいっていい不味さだった。それでも、なぜかついつい世話になっていたものだった。

ちょっとでも余裕があると蕎麦《そば》屋のカレーうどんや、ファミリーレストランのカツカレーなどというバリエーションに走った。男どうしでは、〝何倍まで耐えられる〟の無益な競争に意地をはるために食べにいったりもした。余裕があるときとか、デートでいいかっこうをするときに、本格的インドカレーの味を知った。

そうして、家庭の慣れた味から、一言ではいいあらわせないようなさまざまな種類、さまざまな辛さのカレーに親しんでいく。カレーの世界が広がっていった。

黄色くて適度に辛いもの

ただ、それにしても「カレー」ということばでイメージする基本的なものは、ジャガイモ、ニンジン、タマネギ、それに豚や牛の肉が入っていて、黄色くてとろみがあって、適度に辛くて、といったものであった。

だから、東南アジアを歩きまわっているうちに出くわした、「タイ式カレー」とか「マレー式カレー」、「ビルマ式カレー」など、カレーというにもかかわらず、まったく黄色くもないものや、辛くもないものを、日々食べているうちに、

「はて、カレーとはいったい何だろう」

という想いにとりつかれてしまった。

そこで考えていくと、疑問はそれでとどまらず、広がっていった。あまりにも日常的な食べ物であるだけに、気にしないでいると何の疑問もなく家庭の夕食や安飯屋で口に運んでしまっているものであるが、気にしだすと、いろいろと不思議に思えてくるものだった。

カレーパンからカレーアイスクリームまで

日本人全員が毎月三度、カレーを食べているという。ハウス食品がカレールウの生産量から算出した数字だが、赤ちゃんから高齢者までふくめた計算である。しかも、カレールウだけでカレー粉は考慮されておらず、したがって給食やレストランなどの外食分もふくまれていない。それでも十日に一度はカレーを食べる、ということである。

子供の好きな献立調査でも、たいていは焼きソバやハンバーグ、スパゲッティをおさえて、輝く第一位を獲得するのがカレーである。また、「××という料理は好きですか」という調査では、ほかの料理は好き嫌いがある程度わかれるのに、カレーだけは国民の七割以上がそろって好きだと答えるともいう。まさに、国民食カレーといっても過言ではない状況である。

百科事典には、明治のはじめに洋食として入ってきて、受け入れられた料理であると記されている。なぜこれほどまでに受け入れられたのだろうか。なぜインドの料理であるはずのカレーが洋食として受け入れられたのだろうか。

「これほどまでに受け入れられたか」と書いたが、食べられる頻度が高いというだけではない。種類の豊富さがまたすごい。わたしの考える原風景的カレーである「カレーライス」以外にも意識してさがしてみると「こんなカレーもあるの」というぐらいたくさんある。例をあげたい。

【カレーパン】最近は極辛と普通に辛いのとの二種類置いてある店が多い。

【カレーまんじゅう】肉まん、あんまんの延長である。

【カレーコロッケ】全体にカレー粉をまぶしてあるものと、ペースト状のカレーが普通のイモコロッケの中心部にはさみこまれているものとがあった。

【カレーお好み焼き】粉にカレー粉を混ぜて焼いたもの。

【カレースパゲッティ】ミートソースをカレー味にしてあるもの、ナポリタンみたいに全体にカレー味がまぶしてあるもの。

【カレー味のカップ麵】もちろん、普通のインスタント麵にもカレー味あり。

【カレーうどんとカレーそば】お蕎麦屋さんのメニューで一般的だが、インスタントものにもある。

【カレー味の焼きソバ】蒸し麵の焼きソバでカレー味のソース付きというものがあった。

【カツカレー】まあこれも一般的な料理になってしまったが、弁当屋にこれの新パターン、ハンバーグカレー、鶏のからあげカレー、コロッケカレーまであった。

【ポテトチップス、ビーフカレー味】カレー味のお菓子もすくなくない。


ほかにも、「それにつけてもおやつはカール」のカレー味とか、「アメリカンスナック、スピン」カレー味、「おっとっと」カレー味など、とくにスナック菓子にさまざまなパターンがある。カレー味の激辛せんべい、カレー風味のキャラメル、アイスクリームなどというものまであった。カレーになれないものをさがすほうがむずかしいくらいだ。

より簡単に、より本格的に

インスタントルウやレトルト食品の類でも、しつこいくらいさまざまな品ぞろえがある。たとえば、大手の一つであるハウス食品のカレー商品を列挙してみる。

【カレーパウダー】カレーパウダー。クッキングカレー、顆粒。クッキングカレー、顆粒、調味料。

【カレールウ】バーモントカレー、甘口、中辛、辛口。ザ・カリー、甘口、中辛、辛口。ジャワカレー、甘口、中辛、辛口。印度カレー、甘口、辛口。デリッシュカレー、シーフード、ビーフ辛口、ビーフ甘口、ポーク辛口、ポーク甘口。

【レトルトカレー】ククレカレー、あまくち、ちゅう辛、辛口。ククレジャワカレー、中辛、辛口、おお辛。ヤングジャワカレー、甘口、中辛、辛口。大盛りククレ1・5中辛、辛口、おお辛。カレーマルシェ、甘口、中辛、辛口。黒カリー。赤カリー……。

雑誌に載っていたハウスのカレーの宣伝の写真からかぞえてみたのだが、これだけで三十六種類である。ほかに、電子レンジで温めるだけのレンジグルメシリーズというのもあるし、このあと新製品が出ているかもしれない。サイズも考えあわせると、五十種類は超えるだろう。エスビー食品だって同じくらいはあるだろうし、グリコも忘れてはいけない。全国区ではないメーカーだって当然あるだろうし、アサヒビールがレトルト食品のカレーを作っているような意外なものだってすくなくない。つまりは、百や二百というレベルの種類ではないということである。おそらくは千を軽く超える種類の製品があるはずだ。

五倍、十倍といった激辛類、それに「エスニック」と銘打ったものが最近の顕著な傾向だが、それに対峙《たいじ》するようにオーソドックスな日本式カレーというものも出現している。冷凍食品、電子レンジで温めるだけというライス付きもずいぶんと増えた。また、いままであげた商品が概して調理の簡略化、インスタント化の方向に進む傾向であるとしたら、それとは逆に高級化、差別化を進める商品もでている。インド料理のレストランの肉まで入った缶詰やペーストの瓶詰などから、本格的スパイス調合カレー粉まである。これは、最初の炒め煮用スパイス、煮込み用スパイス、仕上げ用スパイスなどとわけてあって、そのとおりに作ると香り高いカレーができるというものもある。

イギリスではレトルト食品が多かった（上）　韓国のスーパーマーケットでもこれだけカレー商品がならんでいる（下）

インドにはカレー粉がない？

インドに行ったときも、市場やスーパーマーケットでカレー商品をさがしてみた。インドでは「カレー」はスパイスをそのつど調合して作るから、ハンデがあるが、ともあれみつかったカレー関連商品は、インスタント麺でマギーの二分麺、マサラ味というのと、外国人むけか外国にいるインド人用とおぼしき、チキン用マサーラ、ラム用マサーラなどという「カレー粉」が何種類かあるだけだった。

わたしがみたかぎりでは、日本のつぎにカレー商品が豊富だったのはイギリスである。カレー粉が五種類から十種類はスーパーでも並んでいたし、レトルト、レンジ食品、缶詰の種類も多かった。おそらくは百種類くらいあるかもしれない。ほかのヨーロッパの国々では、カレー粉が一種類とカレー粉入りのインスタント食品、たとえばスープや煮込みのもとみたいなものが、二、三ある程度。

韓国や台湾でもイギリスと同じ程度か、ちょっとすくないくらいの品が並んでいたが、日本のそれと比肩するようなものではまったくない。

それだけ見ただけでも、日本人はどうしてカレーが好きなのだろう、そして、どうしてあれだけさまざまな種類があるのだろうと考えさせられてしまう。

やっとさがしあてたインド（上）とイギリス（下）のカレー粉　イギリスのカレー粉には、なぜか塩味がついていた

カレーとはカレー粉を使った料理か？

「カレー料理＝一般にカレー粉を主体として調味された料理の総称。インドの代表的な料理であるが、他の国のカレーはインドのものほど刺激性はない。（後略）」「カレー＝インドを中心として、中近東から東南アジア、さらに今日では広く世界各国で使用されている混合香辛料、またはその混合香辛料で味付けした料理のことをさす。（中略）［日本は］カレー粉の消費量も、本場インドについで、世界第二位といわれる（後略）」（『平凡社大百科』）

とりあえず百科事典でカレーをひいてみようと思ったのだが、ますますわけのわからないことになってしまった。

日本では「カレーとはカレー粉を使った料理、カレー粉で調味された料理の総称」といって基本的にまちがいはないだろう。しかし、さきに述べたようにインドではカレー粉そのものが、さがすだけでも大変なのだ。「カレー粉」という概念がないといってもいい。

インド人は調理のたびにさまざまなスパイスを調合して、すりつぶし、「カレー」を作っているということは、常識といっていいと思う。テレビの旅もの番組でも、カレールウのメーカーがただでくれるパンフレットや、主婦むけ雑誌のカレー特集の

「カレー一口メモ」でも紹介しているのだから、何も百科事典の世話になるほどの情報ではない。

日本はカレー粉の消費量が世界第二位で、インドが一位などと、どうしていえるのだろう。さまざまなスパイスの総体量としていっているのならわからないでもないが、それだったらインドが一位ということはあっても、日本が二位ということは絶対ないはずである。やはりカレーの国、インドネシアやパキスタンなどの国々のほうが上であることはまちがいない。カレーではなくてもスパイスを多用するヨーロッパの国々だって日本よりは上のはずだ。

一人あたりの量としてというのなら、ネパールやバングラデシュ、スリランカあたりだってインドに勝るとも劣らないだろう。つまり、日本の消費量など問題にならないはずである。

とにかく、毎日毎回カレーを食べている、スパイスを使っている民族が、インド以外にもいくらでもいるのである。いくらカレーを好きだといっても、週一回程度の日本人が勝てるわけがない。

カレー粉（もしくはルウなどのカレー製品）の消費量についていうのなら、海外へのお土産などの特別な場合以外はカレー粉を使わないインドが、日本以上の消費国であるはずがない。おそらく日本が群を抜いての一位だろう。

カレーの定義はむずかしい

さて。なにも百科事典の揚げ足をとろうとしているのではない。「カレーとは何か」ということが非常にむずかしいことを実感したということなのだ。

カレーにかぎらず、食べ物を定義することは簡単ではない。だから、日本の事典にかぎらず、曖昧《あいまい》な記述は多い。そこでちょっと考えかたをあらためてみたい。曖昧な記述から共通項をさがしてみるのはどうだろう。それから「カレーとは何か」を考えていこうと思う。で、手元にあったものからランダムに並べてみる。

「カレーパウダー、カレーペースト＝肉と米の料理に加えられる複合調味料。入れるとぴりっとした刺激があり、食欲を増進する。カレーパウダーは一般的に西インドの調理に用いられ、『東洋の塩』と呼ばれてきた。（以下、一般的な調合を説明）」（『エンサイクロペディア・アメリカーナ』）

「カレー＝潰したスパイス各種とターメリックなどで調理された肉、魚、果物、もしくは野菜の料理。また薬味、調味料（リリッシュ）、もしくは香りつけとして、特に御飯と一緒に供される。それゆえ、カレーとはこの調合（もしくはカレーパウダー）

で味付けされた米、肉などの皿に盛った料理、もしくはシチュー状のもの。カレーペースト、カレーパウダー＝カレーを作るためにターメリックと強いスパイス各種を調合したもの」(『オクスフォード英語辞典』)
「カレー＝カレーパウダーかカレーペーストで調味された肉、魚、米などの料理。インド起源の刺激性のあるソースで、野菜や強い調味料から作られる。カレーパウダー＝粉末にされた調味料で、インドの乾燥された葉、および刺激のあるスパイス各種、ターメリックなどから作られる。カレーソース、カレー料理を作る時に用いられる」(『ブリタニカ・ワールド・ランゲージ・ディクショナリー』)
「カレー・ライス＝インド風の料理。肉・野菜などをまぜて煮た汁にカレー粉・小麦粉を加え、米飯にかけたもの。ライス－カレー」(『広辞苑』)
「カレー＝混合香辛料、またはそれを調味料として使った料理。カレー粉＝日本でもっとも普及している混合香辛料。(中略)インドでは、ターメリック、クミン、ペパー、カルダモン、コエンドロなどの香辛料を混合してつくった調味料をマサーラとよび、日本の化学調味料のようにどんな料理にも使っている。(中略)このマサーラを使った料理はすべて「カリ」とよばれている。したがって、インド料理はすべてカリ(カレー)料理であって、その種類は三〇〇種以上もあるといわれている。(後略)」

（小学館『日本大百科』全書）

スパイスと化学調味料はちがうもの

こうやって並べてみると、全体像が浮かんでくるというよりも、かえって「藪の中」に入りこんでしまいそうになる。文句の一つもいいたいところがいっぱいある。平凡社の百科事典だけ文句いうのもなんだから、もう一方の権威である『日本大百科全書』にもちょっと触れておきたい。

香辛料を調合したものを化学調味料と一緒にしてしまうのは乱暴すぎる話である。入れなくても料理はできる化学調味料と、それなしではインド料理ではなくなってしまうスパイスとを一緒にしてしまうのは、はっきりいってめちゃくちゃだ。

また、何をもってカレー料理がインドには三百種類以上などといえるのだろう。日本料理で考えてみると、味噌汁は料理の種類として一つと考えるのか、関西ふうの白味噌とか名古屋ふうの赤味噌のものは各一つと数えるのか、というように味噌の種類のちがい、具のちがいで別ものだと考えるのか。牡蠣《かき》の土手鍋みたいに味噌汁の延長線上の料理を味噌汁の一部と考えてしまうのか、それとも鍋という別種のものということにしてしまうのか。

本によっては最新の版ではそれなりにあらためられているものもあったが、だれにとってのカレーであるかが曖昧なまま、話が展開されているために誤解を生じてしまっていることにはあまりかわりがないようだ。

インド人のカレーと日本人のカレー

日本人にとっての（そして、ここの記述にみるかぎり、イギリス人にとっての）「カレーとはカレーライスであり、カレー粉を使った料理である」という発想を、そのままインドまで自動的に広げていいのかということである。どうやら、そんなもんじゃないというところまで、われわれはすでに常識として知ってしまったのではないか。

また、カレー粉とは複合調味料であるということで逃げてしまうと、それなら七味唐辛子だってそうだ、ということになってしまう。むちゃを承知でいうと、複合調味料を使ったものをカレーというのなら、七味唐辛子をかけたそばやうどんだってカレーである。ブーケ・ガルニだって複合調味料であるから、西洋料理の煮込みもカレーということになってしまう。五香《ウーシャンフェン》粉入りのチャーシューなんていうのもカレーということになって、中国人もびっくりなのだ。

調合が完璧に一つのものに決まっているわけではないらしいから、何が入るとカレーになるのかがこれまた疑問となる。黄色のもとであるターメリックが必要最低条件のようであるが、これも最初にみた黄色くない東南アジアのカレーはターメリックの入っていないものであるから、これまたわからなくなってしまう。

そもそも、カレーということばでわたしたちが理解するものと、たとえばインド人がイメージするものは同じなのだろうか。

要するにカレーと注文すればインド人はわたしたちにもカレーと思えるものを出してくれるのだろうか。日本人やインド人、またイギリス人でもいいが、カレーということばでわかりあえる共通項は何かということでもある。

ちょっと考えただけで、カレー自体に関する疑問、カレーをめぐるさまざまな疑問が浮かんでくる。それも、インドを、直接に訪ねてみないとしようがない、わかりそうにない疑問のようなのである。

かくして、カレーをめぐる旅に出たのだった。

2―インドでカレーを考えた

インド人に日本のカレーを食べてもらおう

「インド人もびっくり」というカレーのコマーシャルがあった。

ずいぶん古い話だが、強烈な文句だったから、頭の片隅にひっかかっていた。どこかほかの国で「日本人もびっくりの豆腐」、「日本人も真っ青のうまい寿司」というコピーが出うるだろうか。そんな発想をするだろうか。

それにしても、CMの威力、影響力はおそろしい。インドに行って日本のカレーを日本式に作り、インド人に食べてもらうなどということを考え、実行してしまったのだから。本当にインド人がびっくりするか、と試してみたのだ。

軽い冗談ではあるが、どうせならと『印度カレー』と称するインスタント・カレールウを使ってみた。指示どおりに、ジャガイモとニンジン、タマネギを入れてである。

肉はさすがに牛にするわけにもいかず、かといって豚というわけにもいかず、鶏はちょっと感じがちがうように思えたので、結局羊にした（念のために書いておくと、牛はヒンズー教では聖なる生き物であり、食べるなど思いもよらぬタブーである。豚はとくにイスラム圏では汚れたものであるとしてタブーで食べない。同じタブーでもまったく意味がちがう。もっとも、そんな問題以前に、牛、豚ともデリーの市場でさがしてみても、売っていなかった）。

正直にいうと、こんなものカレーじゃない、という反応がかえってくるはずだ、と予想していた。

ある本に日本のカレーを食べさせられたインド人が、

「はじめて食べたけど、美味しい日本料理ですね。何という料理ですか」

といった、というよくできた話を読んだことがあったからだ。

本当にそういう反応があったら、それだけでも「やっぱりインド人は日本のカレーをカレーだとは思わない」ということで、十分におもしろい。

また、ちがうというのなら何がちがうのか、というところからインド人のカレー観をさぐれるのではないかとも思った。

日本のカレーも悪くない

ところが、これが予想もしていない展開になった。

子供から大人まで、使用人から主人までさまざまな人々に試してもらったのだが、「美味しいカレーだ」という声が圧倒的だったのだ。

「変な感じで嫌い。食べたくない」と逃げだした幼児が一人いたが、あとはみな、声をそろえて「うまい」といったのだ。

「辛さがちょっと足りないけれど、味は悪くない。結構いけるカレーだと思うよ」

「もちろん、カレーの味がしますよ。それもかなり美味しいほうじゃないの」

「スパイスの香りがあまりしないのが気になるけど、味はいいカレーだ」

「たしかにインドのカレーとはちょっとちがう。でも、カレーであることにはまちがいない」

そんな反応ばかりだったのである。

妙な気配りをするのは、何も日本人だけじゃない。お世辞半分ということもあるかもしれない。そんな気もしたが、この日本式カレーに関するかぎり杞憂《きゆう》だった。

「日本カレーを食べてどう思いますか」アンケートとは別に、家庭で作る本場のカレーというものを教えてもらおうと、いろいろな家を訪ねてみた。そこで紹介されたある上流階級の夫人から、

「カレーっていえば、日本のものがけっこう美味しいじゃないですか。うちでは昨夜もこれ食べたんですよ」

見せられたものは、まぎれもない日本製のカレーのルウ。フォンドボーが入っているという高級タイプだ。

アメリカに住んでいる親戚を訪ねたとき、意外に美味しいものがあると教えられたのだという。それ以来やみつきになって、アメリカや日本に行くたびに買いこんでいる。アメリカのスーパーではいくらでも手にはいるそうだ。

もちろん、まだインドでは売っていないようだし、たとえ売っていたとしても一般的な物価水準からすると高すぎるから、これはめずらしい話かもしれない。それにしても、「日本のカレーも悪くない」というインド人の感想、反応はお世辞でもないし、ちゃんとカレーとして認知してもらえたといえると思う。こそばゆいような不思議な感じだ。

インドにはカレー料理もない

ともあれ、インド人の舌にも日本製がカレーと感じられるのは、まちがいなさそうだ。それにしても、何の限定もなく、カレーということばを使ってきたことには、ちょっとひっかかっていたものがあった。それというのも、もともとインド人が自分たちの料理を「カレー」と呼んでいるわけではないからである。基本的にインドではそんな呼称、料理は存在しないからである。

ある国の料理が国際的に知られるようになる、食べられるようになるということでは、ハンバーガー、ピザなど、あるいは程度はちがうものの日本の天ぷら、寿司、すき焼き、照り焼きなどと同じところがある。

ただ、カレーの場合、決定的にちがっているのが、原産国であるインドの呼びかたと国際的に通じる呼びかたがことなるのである。より正確にいうと、もともとありもしない総称的名称を勝手につけられてしまったものであるのだ。

カレー、タミール語起源説とカディ説

さて、話が少々前後するが、カレーということばの語源は何か、である。

当然のように諸説あるが、その中でも圧倒的に多いのが、タミール語起源説である。

これによると、タミール語では御飯にかけるたれ状のもの、つまりソースを意味する単語が、カリ kari である。それがポルトガル人にその種の料理を代表する名前で

あるかのように伝わり、カリル karil, caril となった。やがて、インドに興味、関心を抱く欧州各国に紹介されるうちに、カレー、カリーという音が定着したというわけである。

そのほかでは、ヒンズー語で香り高いもの、美味しいものを意味するターカリー turcarri が英語に転じたというものもある。

また、日本のあるカレー調理法の本では、宗主国イギリスの役人が、インド人たちが食べている料理を指し、「どんな味か」とたずねたところ、美味しいという意味の「クーリー」と答えたことから、それがカレーとなったというものもある。

これはインドで直接聞いたものだが、古い北部の料理名カディ kady（あるいは Kadhi）からきた、という説もある。黄色い豆を使った煮込み料理であるカディを指して、この料理は何かと聞いたところから、カレーとなまって伝わったというのだ。

イギリスの役人が、という説の嘘くささは説明するまでもないかもしれないが、一応確認のためにいっておくと、宗主国イギリス云々というのは十八世紀末から十九世紀初頭にかけての時代である（地域により植民地になったのは時間的な差がある）。

『オクスフォード英語辞典』によれば

ところが、『オクスフォード英語辞典』によると、カレーということばが英語の文献に最初に登場するのは、一五九八年である。イギリス人がインドを訪ねたことさえまだない時代なのである。この用例自体、オランダ人の記述を訳したものである。つまりは、宗主国イギリスというのは、時代設定を無視した暴論なのだ。

めちゃくちゃついでに書いておくと、この説を紹介した本では、「うがった解説では」とことわりながらも、釈迦《しゃか》が山ごもりの修行のあと、悟《さと》りをひらいて下山したところが、カレー村だったという恐ろしい迷説も紹介している。

釈迦は教えを説きながら、こもった山でえた木の実をあたえた。これがスパイスで、これを使った料理が各地に広まり、カレーと呼ぶようになったというわけだ。冗談のつもりかどうか知らないが、すでに述べてきたように、カレーということばがだれによって使われているものなのかを理解していないことからくる誤解だと思われる。

まじめなほうに戻ると、ヒンズー語説も無理がある。ヨーロッパ人は船で交易に来てインド人、そしてカレーと接触をもったようだが、そこで接するのは常識的に考えて海辺の民である。ヒンズーのように内陸部の言語が最初に伝わったとは考えにくい。実際、教科書を開いてみるとわかるが、ヨーロッパ人との交易が当初、盛んであ

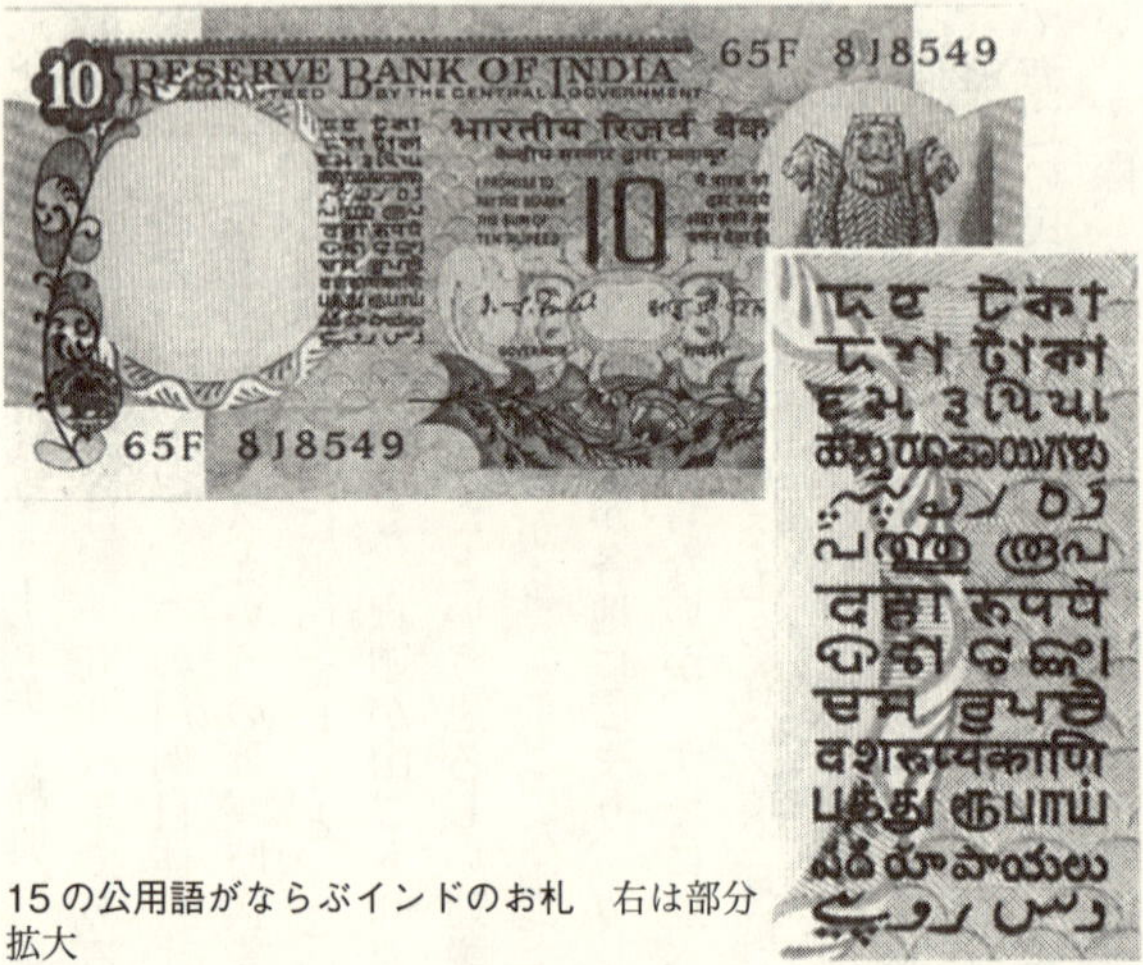

15の公用語がならぶインドのお札　右は部分拡大

ったのはゴアなどの西海岸からタミールの南インドで、イギリスが最初に植民地にしたのは東の海岸部、ベンガル地方である。カディという豆料理の説も同じ理由、つまり北部ということで没だと思える。

けっきょく、確実といえるものはないのだが、ヨーロッパとの接触が古くからあったタミールが起源という説がもっとも確率が高いようである。

十五の公用語をもつ国インド

インドの人々にとってのカレーは何だろう。カレーということばは現在のインド人には外国語のようなものとして入って来たらしい。日本人が「味噌汁」といわれて味噌汁を思い浮かべるのとは明らかにちがうし、ちがう意味があるはずである。では、どのようなものなのか。そこから知りたい。

そんな話をインド人の友人、知人にしてみた。すると、そこは口から生まれたインド人のことである。みな、えんえんと自説を展開してみせる。そして、余計にわけがわからなくしてくれる。

そんな中で、なるほどと納得させてくれたのが、日本のこともよく知っているブラジット氏だった。ジャーナリストとして十年以上日本に住んでいたこともある人で、外国語を使う機会が多かっただけに説得力がある話をしてくれた。

それほど複雑なことではないんだけどな、といいながら紙幣をとりだした。

「どのお札でもいいけれど、とにかくみて御覧なさい。まあ、あなたがたにはどれも同じに見えるかもしれないけれど、十五ある公用語のそれぞれの文字で金額を書いてあるんですよ。まず、そのへんのところから日本とはまったくちがう世界だということですよ」

日本円だったら、夏目漱石か福沢諭吉、新渡戸稲造の横で、「日本銀行券　千円」、「壱万円」と書いてあるところに、インドの文字が並んでいる。わたしの目には似たようなものに映るが、金額を十五のそれぞれの言語で書いてあるのだという。

多民族国家はすくなくないが、文字の種類までいろいろと通用している国はめずらしいし、紙幣にまで多くの文字を刷りこんであるという国はほかに知らない。それほどまで徹底した多民族国家はあまりないかもしれない。

味噌汁とミソスープ

多民族とお札の話から、民族学を展開しようというのではない。紙幣に十五ものことばで刷ってあるというのは、日本人に簡単にわかるような並みの状況じゃないのだといいたいのだ。東北弁と九州弁とでは、書くのも呼びかたも同じ「味噌汁」であるけれど、声にしたときに、なまりでたがいには何といっているのかは理解できない、というのとは根本的にちがうのである。

味噌汁というのとミソスープと呼ぶのが共存している、もしくは味噌汁を飲む人たちとオニオングラタンスープかクラムチャウダー派が一緒の国民だというような、それほどちがうものだということなのである。ことばの問題以前に、ことばに代表されるような地域差、文化の差が大きい国だということなのである。

つまり、同じ料理でも地域によってちがった名前がたくさんあったり、料理の種類も微妙な差までふくめると大変な数にのぼるということである。

「だから、数あるインドの料理のうちで、どれがカレーだって聞かれても、それに答えるのは簡単じゃないということなんだよ」

インド人だって、そんなことはわかるわけはない、インド人ではないあなたが混乱するのはしごく当然だ。というのが、ブラジット氏の答えだった。

インド料理はマサーラから

それでは、実際に家庭で作っているところ、食べているところを訪ねて、そこで具体的に、何がカレーというのかを教えてもらおうと、思った。そこで、どうせなら、後に述べるカレー伝来に関係がふかそうなベンガル系の人がいいだろうと、つてをさがして知りあったのが、ジャインさんだった。

彼女は、子育ての関係から現在は専業主婦だが、もともとは化学者で、イギリスに留学した経験もある。そこでやはり留学していた夫君と結婚している。だから、国外との比較という視点もわかって、教えてくれるとも思った。また、料理を使用人にまかせてしまう上流階級ではなく、自分でも認める中産階級である。自分で毎日調理している。

「今日の夕食の準備をしながら、説明しましょう。それで考えてみましょう」

そういいながら、彼女がまずやったのが、タマネギを大量にぶつ切りにして、ミキサーにかけることだった。そして、熱した鍋にたっぷりのサラダ油を入れ、それにミキサーのタマネギを加えた。

「いろいろな料理が、まずタマネギをきつね色に炒めるところからはじまるのだけれども、炒めるのに時間がかかるから、最初にやっておくのです」

弱火でゆっくりと、きつね色になるまで炒めると、最低三十分、へたをすると一時間くらいかかってしまう。だから、その用意をしてからほかの作業に入るというわけだ。

「インドの料理でもっとも重要なのが、マサーラ（いわゆるスパイス）を配合して、すりつぶすこと。料理によって、素材によって、もちろん配合はちがうし、使うマサーラの種類と量、配合のちがいがそれぞれの料理の味を作るといっても決してオーバーじゃない」

すり鉢文化圏

彼女の台所を訪ねたあとも、ほうぼうで料理を教わった。そこで実感したのが、インド料理とはスパイスの配合、いかに混ぜあわせるか、ではないかということだった。

日本で料理人のことを板前というのは、板の前にいること、つまり切る作業が調理の過程でもっとも大事であるということを象徴しているからだと聞いたことがある。割烹《かっぽう》ということばも、切ることを意味する「割」が先で、それに火を使うこと、「烹」がつづくという重要性の順番である。

フランス料理、中華料理では火をいかに御するかが大事だという。フランス料理でもっとも重要なのは、火加減がポイントであるソース作りである。中華料理ではいうまでもない。同じ煮るとか焼くでも強火か中火、弱火という火加減と、火にかける時間の差で字がちがうくらいである。たとえば、同じ炒めることでも、「炒」は短時間、「煸」は長時間、「爆」は高温で炒めるというちがいがある。それだけ繊細な見方をしているということだ。

要は何が最優先か、ということだ。

インドではどんなスパイスを選ぶか、どう調合するか、そしてすりつぶしぐあいといった一連の作業がもっとも重要なプロセスである。

ついでにいうと東南アジアでも、同じである。料理とはすり鉢ですりつぶすことであるという文化的共通項があるということだ。わたしはこれを「すり鉢文化圏」と呼んでいる。
することと、混ぜることが重要な料理体系であるということは、逆にいうと、いかにスパイスが大事な要素である料理の体系であるかということである。

ジャインさんのスパイス

ここで、インド料理のスパイスについて簡単に触れておきたい。
「わが家で頻繁《ひんぱん》に使うマサーラはこれだけ」
と、ジャインさんがみせてくれたのが、つぎのようなものである。

【唐辛子】乾燥された赤唐辛子を粉にひいたもの。もちろん、これが辛さの最大のもとである。

【コリアンダーシード】中国や東南アジアで独特の強い香りを持つ葉を薬味などに使う、香菜《シャンツァイ》、パクチーの種である。インドでも葉を使うこともあるが、葉とはまったくちがう芳香を持つ種のほうがより重要なスパイスだ。

【クミンシード】強い芳香のもと。「インドに着いたな」と実感するのが、この香りのような気がする。

【フェンネル】インド料理屋で食後か勘定を終わって外にでるときに、噛《か》むようにとだしてくれる香りの強いスパイスがこれだ。

【シナモン】肉桂《にっけい》。香りと独特の甘みとをあわせ持つ。ケーキ、クッキー、紅茶によく使う。

【カルダモン】緑色で小さめのものと、灰色がかっていて大きめのものを頻繁に使う。ほかに白っぽいものなどもある。

【クローブ】丁字《ちょうじ》。蕾《つぼみ》を乾燥して使う。

【ベイリーフ】月桂樹の葉である。そのまま入れたり、粉にひいて使ったりする。

【ポピーシード】けしの実。アンパンの上にかかっているあのつぶつぶだ。これも香りがある。

【ナツメグ、メース】種皮の部分がメースで、その中の核がナツメグ。ハンバーグなどで、日本の家庭にもおなじみだ。

【ターメリック】カレーの黄色のもと。ショウガのような根である。ほかに黄色をつけるものでは、サフランが知られているが、これを使うという話はまったく聞かなかった。高価すぎるからだろうか。

【フェヌグリークシード】豆科で、そのままでも食用になるが、すりつぶしたものを

あるカレーで使われたスパイス　上の皿、左から時計まわりにクローブ、カルダモン、シナモン、グリーン・カルダモンとクミン、下の皿にはショウガとニンニク、鉢の左にターメリック、右に唐辛子の粉が入っている

スパイスとして使うこともある。これまたほのかだが芳香と、苦みがある。カレー風の料理をマイルドにする。

そのほかに、説明の必要はないだろうが、黒胡椒《くろこしょう》、ニンニク、ショウガなどがある。

どれについても「独特の芳香」としかいえないのはみっともない。が、それぞれの芳香、香りのちがいを表現できるだけのボキャブラリーを持っていない。それに、日本語の表現で、香りをあらわすものがすくないのではないか。あまりいいわけにはならないかもしれないが。

ともかく、カレーと名のつく本には、インドではカレーをはじめ、何にでも二、三十種類のスパイスを用いる、と紹介されていた。だから、どんな目新しいものが登場するのか、と注目していたのだが、実際はそれほどでもなかった。

わたし自身の経験からいくと、フェヌグリークというのが聞いたことがなかったくらいである。ほとんど、日常的な料理のために家庭に用意していたものか、すくなくとも名前くらいは聞いたことがあるものだった。

要は、組みあわせと使う量のようである。

石の臼とすり石

さて、ジャイン家の台所の作業に戻る。スパイスを混ぜあわせてすりつぶす過程である。

そこで、使われるのが、洗濯板みたいな大きな、平べったい石の臼《うす》。細々とした模様のような切りこみがいれてある。その上にスパイスを置き、両手の拳骨《げんこつ》をあわせたようなすり石でつぶし、すり、混ぜあわせるのである。

すでに述べたように、家によってはもちろんだが、料理によって使うスパイスはちがうし、配合のぐあいもちがう。それはいいのだけれども、とにかくおどろいたのが、使う量だ。

市場に買いだしにいくところから付きあわせてもらったのだが、そのときから、「店でも開こうっていうのかしら」と思うほどの量の多さだった。わたしたちがスーパーやデパートで買うスパイスは普通、小瓶に入っているものだ。それで普通は何ヵ月ももってしまう。へたしたらいつ買ったのかわからないような古いのが残っていたりする。

ところが、ジャインさんが調理しているところを見ていたら、小瓶一本まるごとじ

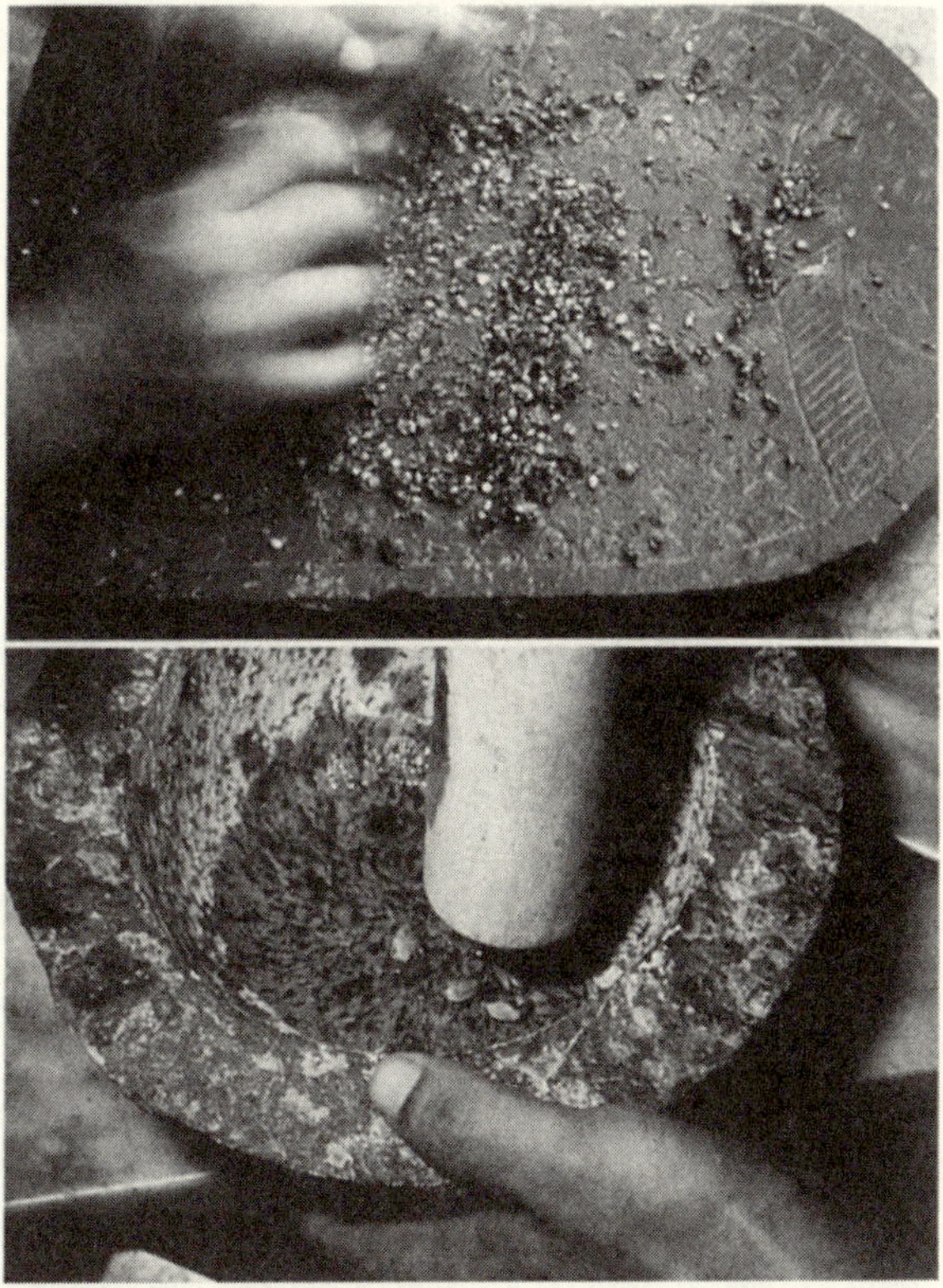

平べったい石臼の上でスパイスをすりつぶす（上）　カルダモンは殻をはずすため石の鉢を使う（下）

ゃないか、というくらいの量を平気で臼にのせてしまうのだ。それも、何種類もを一緒にする。あわせるとカップ一杯以上のスパイスが入ったりする。買う量も当然のように桁《けた》がちがうわけだ。

すりつぶすのも大変な肉体労働である。一つの料理のためだけでも、平気で十分や二十分はかかる。タマネギがきつね色になるのも時間がかかるが、その間中すっているといっても決して過言ではないのだ。

スパイスをすりつぶすことからはじまる

この作業でおどろいたのが、すりながらたっぷりと水を加えることだった。作っているのは「カレー」のもとにはまちがいないが、カレー粉を作るというより、ペースト状の柔らかな味噌みたいなものだ。

「乾いたものもないわけじゃないですよ。だいたい料理ができあがったところで最後の香り付けに使うガラム・マサーラは、いまでは一ヵ月分くらいまとめて作るんですが、これは乾いたマサーラ、乾いたまますりつぶしておくんです」

乾いたまますりつぶすのに使う道具だが、さきの平べったい石臼ではなく、缶詰の片方の口を開いたような金属製の鉢と木の棒だ。このガラム・マサーラ以外にも途中

ガラム・マサーラのように乾いたものをすりつぶすのに使う金属製の鉢と木の棒（右）とスパイスをならべた店頭（左）　日本のスパイスとは分量も扱いもずいぶんちがう

で味をみながら入れたりする、単独に用いるスパイスがあるからだ。クミンやコリアンダーなどのように頻繁に大量に使うものにかぎられているが、それにしても何種類か粉末にしておかなくてはならない。が、現実にはそこまでやってられないということなのだろう。わたしたちが日本で普通に買うような粉末状のスパイスも店で売っている。

「このスパイスをすりつぶすことが、わたしたちの料理では基本的なことなんです。コーヒーでインスタントものでもたえられるか、挽《ひ》いて売っているものでもいいか、それとも飲むときに挽かないと駄目かということかしら」

つまり、インスタントコーヒーはコーヒーではないという感覚らしいのである。香りの強い、その場ですったものでなければ、インド人には料理として認められないということらしい。実際、さまざまな料理をためしてみると、いかに彼らが香りを大事にしているか、理解できる。日本のカレーを試してもらって、

「美味しいけれども、スパイスの香りがしない」

といわれたのも、なぜだか改めて納得する。

石臼からミキサーへ

もっとも、だからといって、全部を手でやっていたりすると、料理の準備だけで毎日が終わってしまう。だから、結局はどこで妥協するか、ということだろうが。

「わたしの場合、ふだんはこのペーストを作るところもミキサーでやっています。ガラム・マサーラはいったように月に一度まとめて作るし、粉末状のスパイス類は買ってすませる」

農村人口が圧倒的に多い国だから、すべて手作りという層が多数派であることにはまちがいない。だが、都市生活者、とくに中産階級以上では、彼女のようにミキサー

を使うのが確実に増えているようである。

日本でも、漬け物や味噌、醤油まで自作する生活から、ほとんどすべて買ってすませるようになっていったのは、ここ一、二世代の間におこった変化である。それと同様の変化がインドでも現在おこりつつあるようなのだ。

そういえば、床に直接座りこむ伝統的な台所から、立って調理する西洋式になってきたり、煮込む料理用の圧力鍋が一般化したりという劇的な変化がここ十年ほどの間に、とくに都市部でおこっている。

貧富の差が激しいということばかりが強調されるインドだが、こういった生活の変化の旗手となる中産階級が、確実に存在しているし、増えつつあることもまたまちがいないことを実感する。

インド人が市販のカレー粉かペーストで料理をするようになることも、まんざら夢物語ではないかもしれない。もちろん、それがいいのか、悪いのかをいっているのではない。みているかぎり、どこの国でも便利、楽という方向に流れている。インドだけが例外となるとは思えない。もっとも、いまのところ、洗濯ものをただ持っていて乾燥させる商売があるという人件費問題とは無縁の国だから、便利、即機械化という方向に流れるかどうかはわからないが。

スパイスたっぷりのメニュー

スパイスをすりつぶす面倒な肉体労働や、タマネギを炒《いた》めるプロセスとくらべると、それ以外の作業は簡単なものだ。野菜の皮を剝《む》き、炒め、和《あ》え、煮て、ちょっと待つ間にできてしまう。

そうして、二、三時間かけて、ジャインさんが作ったのは、つぎのようなメニューだった。

【ダム・アル】 ジャガイモをマスタードを中心としたスパイス、トマト、タマネギの炒めたもので煮込んだ料理。

【アル・ポスト】 さいの目に切ったジャガイモとすりつぶした大量のポピーシードとを炒め、和えたもの。

【チョッチョリ】 なす、ニンジン、大根などのさまざまな野菜を炒め、いろいろなスパイスを混ぜあわせたものを加えて、味をつけたもの。水気は野菜から自然に出てきて、ちょっとたれがからんだような状態になっている。

【マタール・パニール】 コッテージチーズをボール状にしたものを、各種スパイスで煮込んだもの。

【ダヒ・バラ】　ヨーグルトで野菜を和えたサラダ状のもの。スパイスもけっこう入っている。

いいわすれていたが、ジャインさんの一家はビジテリアン（菜食主義者）で、肉類は魚、卵までふくめて、いっさい口にしない。それにしても、料理法は肉食派と同様である。

カレーとは汁けのあるもの

さて、そこで何がカレーかというさきの疑問に戻る。

「わたしがカレーということばを聞いたとき、思い浮かべるのは、汁けのあるものですね。炒めたものなどは、ちがうと思う。スパイスをいろいろ入れてあるかどうかが、カレーの必要条件じゃない」

ジャインさんにいわせると、ここに並んだ料理では、ダム・アル、マタール・パニールの二つだけがカレーだという。チョッチョリというのも、ターメリックで黄色くなっているし、スパイスの香りと辛さもあり、わたしの食べた感じでは、野菜のカレー炒めとしか思えない。野菜炒めにカレー粉をまぶした感じなのである。また、それ以外のものも、ほとんど複数のスパイスを何らかのかたちで使っているものだ。

ほかにも何人かに料理をまえにしながら、同じことを聞いてみたのだが、彼女と同じ答えが一番多かった。さきの日本通氏も同じだ。

「日本で食べられるものだったらね、中村屋のカレーとか、インド料理屋でカレーと呼ばれているようなもの、つまり日本のカレーよりちょっととろみがすくないさらっとした汁状のものが、肉や野菜の具にかかっているもの」

ただし、もう一つの理解がないわけではないとも聞いた。つまり、

「マサーラ、つまりスパイスを調合したものを使った料理はすべてカレーだという考えかたもたしかにある。日本でいえばカレー粉が使ってあるものは全部カレーと考えるのと同じことですね」

前者のいいかたでは非常に限定されるが、後者だとほとんどすべてのインド料理はカレーということになってしまう。ジャインさんの家庭料理も、ヨーグルトの和え物みたいなものまでふくめて、すべてカレーということになる。どっちにしても、曖昧ではある。

米飯派と小麦粉派

インド滞在中、毎日毎食、ただひたすらカレーとおぼしきものを食べつづけた。一流ホテル、高級レストランから道端の屋台、露店それに大富豪の家庭から庶民レベルのものまで、さらには結婚式のパーティーまで、カレーとおぼしきものを、ただただ食べてみた。しまいには暑さとともにカレーの香りが汗腺を通ってでてくるのを感じるほど食べた。当分の間、カレーと名のつくものは見たくもない、魚の鰈《かれい》だって何の関係もないのはわかっているけれど、みたくもないと思うほど食べた。

そうして感じたのが、日本のカレーとは何と遠い世界だろうということだった。

それでは、何がちがうか。

まずはカレーライスのライスのほうである。インドでは、ライスよりも小麦粉を使った「パン」、ナーンやチャパティなどのほうが、よっぽど主食として食べられている。とくに、今回は小麦粉を食べることが多い北部のデリーにずっと滞在していたので、そういう印象を持ったのかもしれないが、米の飯より小麦粉主食が多数派であることはまちがいない。カレーとライスという基本の組みあわせで、まずちがうのである。

小麦粉主食の種類、ちがいについて述べておく。

ナーンは精製した小麦粉を水で練って発酵させ、円形にしたものを片側にだけ引き延ばしたような形にする。それをインド式オーブン、タンドールに入れ、中の壁にくっつけて焼く。すこしふっくらとした感じに焼き上がる。タンドールで焼くパンはほかにもあり、代表格であるナーンもふくめてローティと総称される。ちょっとした御馳走料理である。カレーパンとはちがうが、野菜などを折り込んで焼いたローティもある。

もっとも一般的で日常的なのが、チャパティ。これは全粒の小麦粉を水（および場合によってはバターの一種であるギーも入れて）で練って、円形にうすく延ばし、鉄板で焼き、表面が乾いてきたら、鉄板を取って、直火《じかび》にかけたものだ。うまくやると水分の蒸発のぐあいからボールみたいにふくらむ。

チャパティにもいろいろあって、小麦粉の固まりを延ばすときに、ギーを表面に塗《ぬ》りながら、層を作り、折り込んでからパイ状にして焼いたものをパラーター、小麦粉を練ったチャパティの素材を鉄板では焼かず、油で揚げたものをプーリーと呼ぶ。プーリーだけはナーン同様、精製された小麦粉から作ってもいい。また、小さめのチャパティは、特別にプルカーと別の呼びかたをしたりすることもある。

すでに述べたように、北部ではこの小麦粉で作ったものが主食であるので、カレー

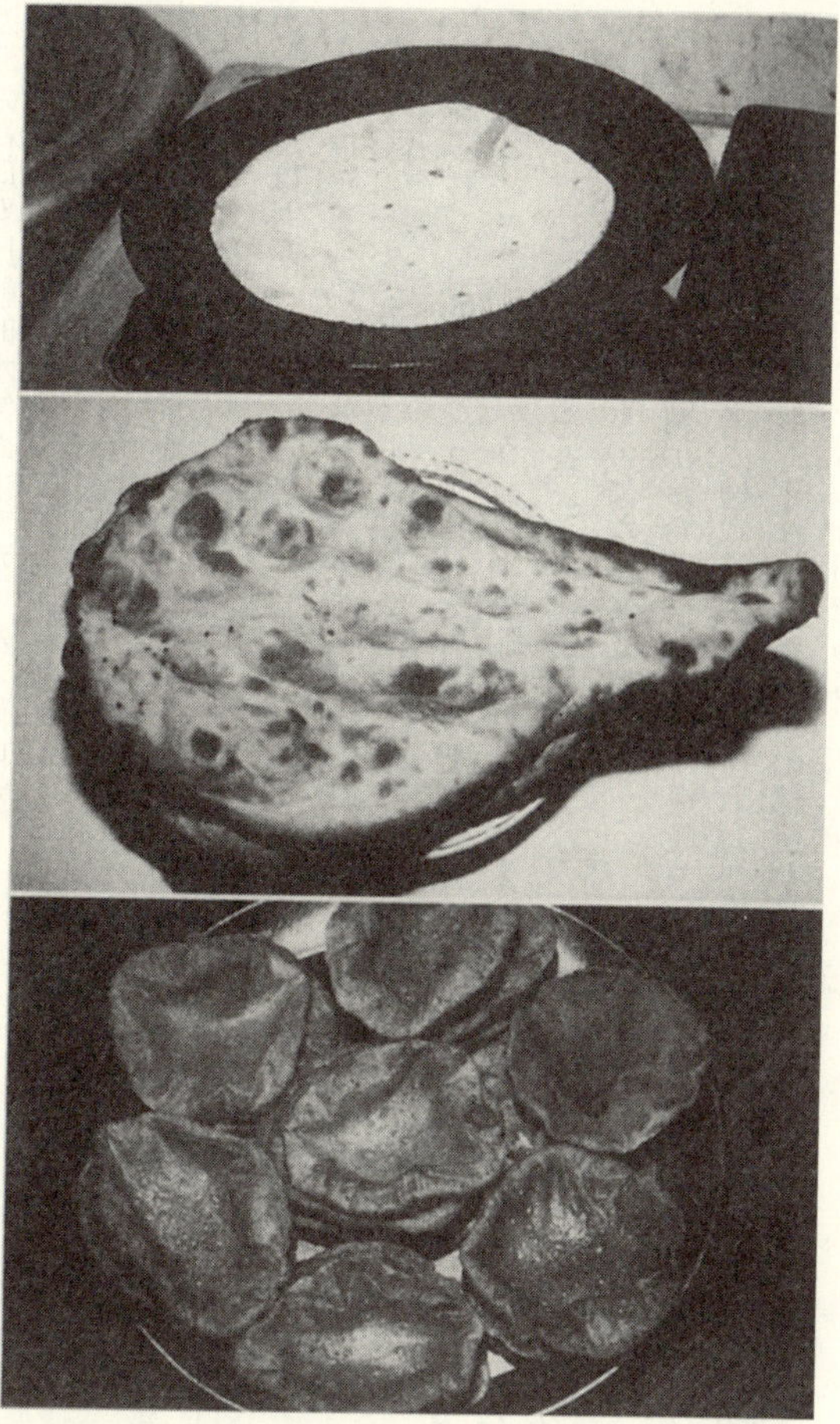

インドの「パン」 上からチャパティ、ナーン、プーリー

ふうの料理も比較的水気がすくなくなる傾向がある。

インディカとジャポニカ

けっこう日本でも名前を知られたチャパティだけでなく、小麦から作る主食にも種類があることに驚いたりするが、御飯のほうも負けてはいない。種類も多いし、日本のものとはちがう。

その最たるものが、米の種類がちがうことである。俗に、外米という。戦前派、戦中派にはなじみぶかいはずの、あの細長くてパサパサした米である。

正確にはこの米をインディカ種と呼ぶ。日本の米のように丸みがあり、粘り気が強いものをジャポニカという。餅米《もちごめ》を除く、うるち米は大雑把《おおざっぱ》にいってこの二種類にわかれる。同じように米を食べる民族だといっても、このインディカかジャポニカかで、まったくちがったものになってしまう。

地域でいうと、中国南部から東南アジア、そしてインドからヨーロッパ南部にかけての広い地域がインディカ種栽培地域で、それ以外の米作地域、つまり中国中部から北、朝鮮半島そして日本、それに日本からの移民が持ち込んだものから出発しているカリフォルニア米もジャポニカ種である。

左のインディカ米と右のジャポニカ米ではかたちも透明度もちがう（上）　カレーを手で食べるインドの人々にはインディカのほうが相性がいい（中）　インドでは街頭の大釜でインディカを炊く光景がみられる（下）

日本人は概して、臭いとかパサパサであるとかいってインディカを嫌う。しかし、食べ慣れていないための誤解、無知がその原因になっていることが多いようだ。

まず、匂いだが、炊きかたの問題である。いまさら説明の必要のない日本式の米の炊きかただが、これが普遍的な方法であるというわけではないのである。どちらかというと、少数派なのである。インドをはじめ一般的なのが、「湯取《ゆと》り法」もしくは「スパゲッティ方式」とでも呼ぶべきものである。

たっぷりのお湯をわかしておき、洗っておいた米を入れる。ふたをして、泳がせるようにして、煮る。芯《しん》がほとんどなくなったところで、火を止め、お湯を捨てる。しばらく蒸《む》らしてできあがり。もともとパサパサの米がさらにパサパサに炊き上がるわけだ。

こうすると、インディカ独特の匂いもお湯と一緒に流れてしまう。もっとも個人的な感想をいわせてもらうと、あのパサパサぐあいは嫌いではない。匂いだって、臭いというものではない、と思う。

カレーにはインディカが相性がいい

「パサパサ、パサパサと日本人は悪いことみたいにいうけどね、カレーみたいな料理ようにはこちらのほうがずっと相性《あいしょう》がいいんですよ。まず、日本人もみな知っているように、インドでは手で食べるのが普通だけど、日本米みたいなものだったら、手にくっついちゃってしようがないでしょう。それにお腹にもたれちゃうし。汁気のあるものにはインドの米のほうが断然いい」

実際、カレーはいうにおよばず、たとえば焼き飯やお粥《かゆ》でもこちらのほうがずっとうまいと、かの開高健《かいこうたけし》氏もいっている。われわれにとっての悲劇は、米の輸入は全部禁止、駄目という恐ろしくも乱暴な法律のために、日本では手に入らないことである。インディカとジャポニカを一緒にして「同じ米だから駄目」というのは、大麦も小麦も同じ麦だからというようなものである。インディカを求める日本人がいままでそれほどいなかったことも原因かもしれないが、それと同時にインディカに対する無知が、日本での本当に美味しいカレーや焼き飯をさまたげているということも事実である（執筆当時。現在は輸入されている）。

ハレの料理、プラオとビリヤーニー

粉食でチャパティが日常的な食事に登場するものであるように、このパサパサ湯取り御飯は普通の食事ででてくるが、プーリーのように非日常的食事、御馳走の席に登場するのがピラフの類だ。代表的なものが、プラオとビリヤーニーである。

プラオはタマネギやスパイス以外には具を入れない比較的シンプルなもので、ビリヤーニーは鶏や羊肉などの具も、高級なスパイスもたっぷりと入れたものである。

ピラフの作りかたを一応説明しておくと、スライスしたタマネギとスパイス（わたしが教わったものではクミンを使っていたが、ほかにターメリックを入れて黄色くしてみたり、ほかのさまざまなスパイスを入れたものがある）をたっぷりの油で、きつね色になるまで炒め、洗っておいた米を加える。さっと油が米にもまわったら、水を加え、ふたをして煮上げる。肉や豆などを加えるときも基本的なプロセスは同じである。

さきに述べたジャイン家以外にも、「普段の食卓をみせて欲しい」と頼み、食事時に訪ねてみたが、さきに訪問を知らせておくと、「カレー」料理と一緒に、かならず豆が入っていたり、黄色がかった御飯、プラオと揚げたチャパティ、プーリーが食卓に用意されていた。接客用にはかならずといっていいほど、油をたっぷりと使っている。

あとで調べたところでは、揚げたものが「浄」であるからだという。清潔という概念と近いが、インドではさらに宗教的な意味あいもふくめて、この食べ物は「浄」性が高いかという価値判断がされる。簡単にいって、生に近いものほど「浄」性が低く、油を通したものほど「浄」性が高くなる。生に近いものならカースト下位者が調理した場合は上位者は不浄であるとして食べてはいけないタブーが存在する。また、そのような価値観から、客をもてなす料理となると浄性の高い油で揚げたものが多くなるというわけなのである。

インド式カレーのつくりかた

ところで、「浄」の問題と直接関係あるのかどうかはさだかではないが、油を大量に使うのは米や小麦粉の食品にかぎったものではなく、調理全般、「カレー」でもそうだった。インドのカレーとは油の中に素材が漬かっているものかと思ったほどだ。たとえば、作りかたを教えてもらった「チキンカレー」と「マトンカレー」。もともとの名前はタリとかコルマというものであるが、ともに、「カレーである」とインド人にもっとも広く納得してもらえそうな料理である。レシピ、調理法から何がどうちがうかみてみたい。

これにも、いくつかの代表的なパターンがあるのだが、その中心になるところをまとめてみると、つぎのようになる。

鶏の場合、一羽に対して、中くらいのタマネギを三個くらい、すりつぶす。これも本来は臼でやったものらしいが、昨今ではミキサー派が増えていることは、すでに述べたとおりである。

これをカップ一杯強のサラダ油できつね色になるまで炒める。ミキサーを使った場合、水けがかなりでてくるので、油を入れる前に鍋に入れてしまい、煮るようにして水分をとばし、ある程度水けがなくなったところで、油を加えるというやりかたも見た。あとで炒めるという感じだ。

弱火でゆっくりと炒めていると、油がタマネギの間から浮いてくる。炒めるというより揚げるというほうが正確なほど、たっぷりの油なのだが、タマネギの間にかくれていたのが、徐々に浮いてくるのだ。

そこに完熟トマト中二個をきざんで(もしくはこれもミキサーにかけて)、加える。これからまたじっくりと時間をかけ、ペースト状になって、ふたたび油が浮いてきたところで、スパイスをすってつぶしたペーストを入れる。

材料によって組みあわせがちがうのは、すでに述べたとおりだが、鶏か羊かだったら、つぎのようなものでいいようだ。

コリアンダーシード、クミンシード、ナツメグ、カルダモン、クローブ、シナモン、ターメリック、黒胡椒、ニンニク、ショウガ、粉唐辛子。

中でも、コリアンダー、クミンはたっぷりと入れる。大匙《おおさじ》二杯以上か。ほかのスパイスは小匙で一杯程度。唐辛子や胡椒は好みで。ほかのスパイスでも、もちろん辛さはでてくるのだが、やはり何といっても胡椒に唐辛子がその大もとだ。

塩もスパイスの前後に適量入れておく。

スパイスの香りが油に移るように、ゆっくりと炒めたら、今度はよく攪拌《かくはん》したヨーグルトを入れる。カップ二杯くらい。もちろん甘くないものである。

それに、ぶつ切りにした骨付きの鶏肉（脂身は取り除いておいたほうがいい。場合によっては皮もとっていた。「カレー」とは相性がよくないらしい）、もしくは一口大に切った、骨なし羊肉を入れていく。肉がうまくかくれるほどかぶせるように適宜水を足す。肉が煮えてきたら、味をみながら好みでチャツネやガラム・マサーラを加えて味や香りを作っていく。

肉によく火がとおり、全体に適当な量の水分が残り、ソースが肉にからむような感じになったらできあがりである。

以上がもっとも基本的なパターンだが、これから応用編がいくらでもできる。もっと、手抜きをしたければ、タマネギとトマト、それにスパイス、調味料をすべてミキサーにぶちこみ、全部を混ぜあわせたペーストを作ってしまう。そして、それを炒めるわけだ。後のプロセスは同じだ。

ちょっとていねいにするなら、肉を切りそろえたあと、ヨーグルトとスパイスのペースト状にしておいたものにからめて置いておくと、肉に味が染み込む（この場合でも、鍋には別にスパイスを加えたほうがいいようだ。ヨーグルトも別に加える）。

また、肉が十分に煮えた段階で、ペースト状にした大量のホウレンソウ（三把以上）を入れてもいい。これまた別の料理となるが、緑がかったカレーもまたおつである。

この手のバリエーションは、スパイスの配合がちがうというものから、肉が羊の脳味噌になったり（これまた、こくのある豆腐のカレーみたいで美味）、山羊《やぎ》になったり、山鳥になったり、ゆで卵になったりする。また、ビジテリアンの家で見たように、ジャガイモであったり、考えられるかぎりのさまざまな野菜から、チーズまでいろいろと広がっていく。たとえば、トマトかヨーグルトを使っていないもの、水けが多いもの、すくないもの、スパイス（ものによってはヨーグルトも一緒に）をからめ

インド風カレーの「定食」　カレーソースとチャパティ、タマネギ、青唐辛子などの薬味野菜（上）　インドで遭遇した結婚式　幸運の色をしたターメリックを火にくべて祝う（下）

ておいたものを揚げたもの、オーブンで焼いたものなどというぐあいに展開していったりもする。

日本のカレーのルーツはインドにはない

ところで、そのさまざまなバリエーションを食べながら、「日本のカレーと似ているな、近いな」と感じたものは、結局なかった。ただ、全部食べてみるということは不可能に決まっているし、どこそこの地方の何はちがう、などといわれると困るのだが、とにかく、ためしたかぎり、調べたかぎりでは、似たようなものはなかった。何がちがうか、まとめてみる。

【1】小麦粉でとろみをつけるようなものはまったくなかった。とろみといえばいえるのが、大量のタマネギを大量の油でゆっくりと炒めたもの。日本のとろみという感覚とは全然ちがった、西洋料理のソースのようなものがからんだ肉や野菜の料理であるか、汁状のものであるかいずれかだ。

【2】「三十倍カレー」などというかたに象徴されるように、日本式カレーは辛さが強調される料理である。が、香りに対して意識することはあまりない。ところが、インドのスパイス料理はどれも香りを強調したもの、香りの料理とでもいったほうがいいものだった。

スパイスなどというと、日本人には薬味、隠し味、風味付けでさっと一振りというイメージが強い。何せ、香りなのであるから、量を使うという発想にはなりにくい。それが、インドでは見てきたように桁ちがいの量を用いる。もちろん、唐辛子も例外ではないが、それでも、

「さすが本場物は辛い。辛さの種類がちがう。程度がちがう」

というようには思えない。最近の激辛ブームで辛さにある程度の免疫ができてしまった身には、まあ、辛いね、とうなずくくらいのものだ。唐辛子の直接的な、直球的な辛さよりも、唐辛子もふくめた各種スパイスが混じりあって奏でるハーモニーのような深みのある、カーブのような辛さなのである。単純な辛さだけなら、昨今の激辛製品のほうがきついかもしれない。

つまりは、スパイスやら辛さというものに対して、それだけ根本的な発想のちがいがあるようだ、ということなのである。したがって、味、香りがまったくちがうのも

あたりまえである。

【3】肉とジャガイモ、ニンジン、タマネギという日本式カレーの黄金の組みあわせが、インドから直接渡ってきたとは思っていなかったが、それにしてもみごとなくらい具がいろいろと入っているものにはおめにかかれなかった。

前述したように、中身が具というよりも、ソースにからめられた肉料理という感覚であるから、具の多い汁もの的発想とはちがうのは当然かもしれない。が、それにしても、見たかぎり、ためしたかぎりでは肉と野菜、たとえばジャガイモでさえ一緒に入った「カレー」はなかった。タマネギは具というよりも調味料か香辛料であるからともかく入っているが、ジャガイモとニンジンの組みあわせが、肉と一緒に入っているということはとくになかった。もちろん、それぞれが入ったカレーというものはいくらでもあるのだが、一緒になるということがないのである。野菜と肉が一緒であったのは、ホウレンソウをいれたものくらいだった。もっとも、これだってみじんに刻むか、すってペースト状にしてしまうかだから、タマネギみたいな役まわりといえなくはない。基本的に、野菜や肉はそれぞれ別の料理にするということらしい。

それが、なぜなのかはっきりさせることは結局できなかった。それにしても、スパイスをあれだけ調合して絶妙の組みあわせを作り上げる民族が、なぜ、肉や野菜になるとそれをしないのか、よくわからない話である。

【4】チャツネは「漬け物」でも「薬味」でもない。

漬け物と訳していいのかむずかしいものだが、チャツネというものがある。最近は日本でも大手メーカーさえ作っているから、けっこう知られている。マンゴーのものを中心に、甘くて酸っぱくてちょっぴり辛さもある味が、料理と一緒に「薬味」感覚で用いられる。また、これ以外にもたとえばヨーグルトにキュウリなどの野菜やスパイスを入れたものも、付けあわせとして登場したりもする。

これをカレーふうの料理と一緒に食べながら、福神漬やらっきょうのような薬味の感覚であろうと思っていた。料理の合間にたくあんをかじるように箸休めだと理解していた。

ところが、これまたよくよく見たり聞いたりすると、まったく意味あいがちがうようなのである。つまり、カレーにちょっとずつ混ぜあわせて、部分的に味を変えながら食べるという翻訳不可能なものなのである。主役であるカレーの味にグラデーションをつける役まわりとでもいったらいいだろうか。

ある程度、予測はついていることではあったが、見れば見るだけ、食べれば食べるだけ、日本のカレーとインドのそれは別世界であるという思いがますます深くなってしまう。インドのカレーが日本のカレーの御先祖様であるということにはまちがいはないのだろうけれども、直系の親戚か祖先、つまり父親であるとか姉であるとかいうよりも、「昔は血のつながりもあったらしい」というほどのかなり遠い親族ではないかという感じが強まる一方なのだ。

それだけ、日本式カレーが遠くに走ってしまったのか、仲を取り持ったというイギリスで大変化をおこしたのだろうか。というわけで、イギリスへと向かうことにしよう。

3—カレー粉誕生

イギリスに料理を調べに？

ロンドン、ヒースロー空港の入国審査官は、パスポートをチェックしながら、ほとんど儀礼的な感じで聞いた。

「観光でしょう？」

この手の質問にはだまってうなずくにかぎる。へたに相手をすると面倒な話になるだけだと、永年の経験が教えている。それなのに、南回りの飛行機で滞空時間が長すぎて血迷ってしまったのだろうか。ついなにげなくいってしまった。

「食べ物のことで調べることがあって。本を書くもので」

なかば好奇心にかられ、しかしなかば「変な奴」といった顔をして、二十代後半の役人は聞きかえした。

「イギリスに料理を調べに？」

パリ行きの便でもまちがえてロンドンに着いたんじゃないか、という顔だ。

「いや、実はカレーのことを調べていて、それでイギリスに来たんだ」

ますますわけがわからないという顔をする。カレーとイギリスがどうつながるのだ、ええ。それこそインド行きをまちがえちゃったんじゃないのか。

しようがないので、日本でカレーが国民食のようになっていること、そのもとをたどればどうやらイギリスにいきつくこと、などをてみじかに説明した。なにしろ、パスポートを手にした人々がうしろに並んでいるのだ。

ところが、お役人氏は職業意識よりも、好奇心のほうが勝ってしまったらしい。生魚にかぶりつきながら、車やウォークマンを作っているはずの連中が、カレーを食べているというのだ。それに、カレーがインドではなく、イギリスから来たなどというのだから。

わたしにとっても彼の反応はそれなりにおもしろかったのだが、なにしろ行列であるから、できるだけ早くすませようと話を手早くする。しかし、その間にもつぎつぎに疑問を投げかける。しかし、とうとう彼も圧力に気付いたらしく、「いい滞在を」と解放してくれた。

「でも、やっぱりカレーならインドに行ったほうがいいと思うけれど」

といいそえながらだが。

のちに、ホテルのフロント、パブの親父、知人に紹介されて親しくなった大学教授、さらには調べものを手助けしてくれた図書館のスタッフ嬢といったさまざまな人々に旅の目的を聞かれたり、雑談からカレーの話になったりした。だが、みながみな、カレーといえばインド、なぜイギリスなのという反応、認識だった。イギリスでカレー粉が作られたのだという話をすると、一様におどろくばかりだった。イギリスから日本をはじめ、世界各国に広がったことなど、いわずもがなである。

カレー粉はイギリスで作られた

わたしたち日本人にとって、カレーというとカレーライス、もしくはカレー粉を使った料理である。どちらにしても、もとをたどればカレー粉であることはまちがいない。そして、そのカレー粉がインドとは無関係のものであったことは、すでに前の章で見たとおりだ。イギリスから来たということも、日本でちょっと調べたらすぐわかる。カレーメーカーの無料頒布《はんぷ》しているパンフレットから百科事典まで、カレー粉はイギリスで作られたと教えてくれている。たとえばこんなぐあいだ。

「明治の鹿鳴館時代（一八八〇年代）の欧風化で、日本に最初に紹介された西洋香辛料は、イギリスの『C&Bカレー粉』であった。これは、イギリスの初代インド総督《そうとく》ウォレン・ヘースティングズが、インドの『カリ』を一七七二年に本国に持ち帰ったものを、クロス・エンド・ブラックウエル社がイギリス人にあうように混合し直したもので、のちにビクトリア女王に献上されたといわれている。(後略)」(小学館『日本大百科全書』)

「イギリスの初代インド総督ヘスティングが持ち帰ったインドのカレー粉は、特にビクトリア女王のお気に入りで、レセプションにもカレー料理が出る程で、上流階級の人々にも非常に好まれました。需要があれば、当然商品化されることが考えられます。クロス・アンド・ブラックウェル社は、それをカレー粉として商品化し、販売することになりました。C&Bカレーパウダーとして世界中各地の商店で取り扱われるようになりました。(後略)」(ネッスル[現ネスレ]のパンフレット『カレークッキングアドベンチャー』)

カレー粉を作るというかたちでのカレーの商品化はイギリス、より正確にはクロス・アンド・ブラックウェル(以下C&Bと略)という会社の手によるものである。しかも、カレー料理がイギリスに持ち込まれたのは初代インド総督によってであり、ビクトリア女王に献上されたということまでわかっているというのである。

日本カレー業界の常識

ここで、ちょっと気になるのは、インドの「カリ」をC&Bが混合し直したものがカレー粉であるとか、ヘスティングが持ち帰ったインドのカレー粉をC&Bが商品化したものがカレー粉であるとかいう記述である。

インド人は「カレー」を作るときにスパイスの調合、「カレーペースト」をそのつど作っていることはすでに見たとおりである。とすると、インドから持ち込まれた「カリ」とか、インドのカレー粉とは何かということだ。

そして、これを見ていると、ちょっとした改造か、調合のぐあいのちがい（おそらく辛くなく、マイルドにするとか）程度のことのように感じてしまう。しかし、インドの家庭で実際に作っているところを見て、そのうえでカレー粉を考えると、どうもそんなものじゃないんじゃないか、という気もしてくる。これはほとんど発明といっていいくらいの大転換ではないか。

見解のちがいや詳細な部分のまちがいはともあれ、そして百科事典とパンフレットではC&Bとビクトリア女王の順序がちがうが、イギリス、C&B社によってカレー粉が商品化され、それが日本にも持ち込まれ、カレー文化花盛りとなるきっかけとなったという記述は、カレーについて述べてあるどんな本、パンフレットにも見つけることができた。

いわば、日本のカレー業界の常識だった。

まずC&Bを訪ねる

イギリス行きの第一の目的が、このC&B社を訪ねることだった。歴史と伝統の国である。企業も社史や創業当時の資料など豊富に残しているにちがいない。そうふんだのだ。

とくに、はじめてカレー粉を作ったという由緒正しい会社である。資料室にでも二、三日入りこませてもらったら、それだけでイギリスとカレーについて十分わかるにちがいないと思ったのである。

うまくしたら、カレー粉を作りだすことになる経緯《いきさつ》、日本に輸出したときの詳細なども残っているかもしれない。エピソードもちゃんと記した会社創立二百年史みたいな資料があったら、そのあたりをちょっと訳すだけで、一冊の本が書けるかもしれない……。

日本の食品業界で聞いたところでは、C&Bはコーヒーで有名なスイス系企業、ネッスルの傘下《さんか》に入ったということだった（執筆当時。C&Bは今はまたネスレから離れた)。

そこで、ネッスル日本や日本関係の取り引きで仲介をしている日本の商社を通して、C&Bに連絡をしてもらった。こんな取材で行くからよろしく、資料をさがしておいてくださいというわけだ。

英国王室御用達C&B

「もうしわけないけれど、資料といえるほどのものは何も残っていないのですよ。わたし自身、日本のテレビ局が何年かまえに突然、取材させて欲しいといってきたので、はじめてわが社がカレー粉の元祖であると知ったくらいなのですよ。

そのときひっくりかえしてみたのだけれども、結局資料らしいものは何もなかった。今回も連絡があってから、あらためてさがしてみたのだけれども、やはり見つからなかった」

もうしわけなさそうにいったのは、会社の歴史も何も知らない新入社員ではなく、輸出部門の責任者であるマネージャー氏だった。

「日本では、百科事典にまでイギリスのC&Bがはじめて作ったって載っているし、ベテランコックの思い出話みたいな本でも、カレーの話をすると、C&Bは高かった

C＆Bのカレー粉（上・右） イギリスではカレー粉よりもチャツネのほうが人気があるようだ カレー以外にもコールドミートのソースなどにさかんにつかわれていた（上・左と下）

けれど、あれじゃなければ味が、というものばかりなんですよ。その御本家に何もないっていうんですか」

というと、いや、そうですか、すいませんというしかないという。

「最初に知っていただきたいのが、うちの会社がカレー専門という印象が日本人にはあるようだけれども、それはまったくちがうってことです。わたしたちにとってカレーは、営業品目の中のほんの一部でしかないんですよ」

C＆Bの歴史は、十八世紀初頭、ロンドンにはじまる。

エドモンド・クロスとトーマス・ブラックウェルの二人は、スープなどを作る仕出し屋ではたらいていたが、やがて経営をまかされ、ついにはオーナーになった。商売は順調に発展し、貴族のパーティーや議会の催し物、宴会などまでまかされるようになった。

イギリスでは日本のように皇室御用達というのは宣伝文句にしてはいけないのか、ことさら誇るようなことではないのか、あまりそのことに触れたくはないという感じだった。しかし、イギリス王室まで顧客であったことはまちがいない。いわば、イギリス王室御用達の老舗《しにせ》なのである。

二十八番目に登場するカレー

仕出し屋から出発して、保存食品、調味料、香辛料と商売を広げていく。たとえば、さがしだしてくれた数すくない資料の中に、一八八四年の商品リストがある。新しい値段のリストを顧客の皆様にお知らせします、というものだが、これであつかっていた商品がわかる。大項目だけ並べていくと、ピクルス、ビネガー、サラダオイル、瓶詰め肉と魚、パテなどの朝食用食品、アンチョビ、ソース、エッセンス、ジャム、マーマレード、ライムジュースとつづいている。

手もとにあるコピーには五十六項目あって、もしかしたらもっとつづくのかもしれないのだが、とにかくカレーが登場するのは二十八番目なのである。それもカリーパウダー・アンド・カリーペーストという一つの項目なのである。

たしかに、この時代からカレーの専門会社というわけではなく、食品会社のほんの一部門でしかないのだ。日本のカレーを作っている会社が、ほかのものも作っているとはいえ、エスビーとかハウスに代表されるように、カレーが中心であるといったイメージが強いからかもしれない。

カレーという料理は日本人にとってはけっこう特別なもの、国民食とでもいうべきものになっている。しかし、この会社にとってはさほど重要でもなかったたし、現在もまたそうだというのだ。より正確にいうと、英国国内むけではすでに撤退しているのである。輸出用ブランドとして現在でも残ってはいるものの、生産は別の食品会社の工場に依頼しているくらいなのだ。ただし、配合のぐあいなどのレシピはかつてのままであるとはいうのだが。

ついでにいうと、製品の種類を無制限に増やしてしまったことが、会社の斜陽化とネッスル傘下への道をたどらせたという話もある関係者から聞いた。つまり、注文がほとんどないものでも、製造を中止しないという老舗的良心が、経営状態の悪化をもたらし、ネッスル傘下へ入らざるをえない原因となったというのである。

ネッスルグループの一員となったところで、親会社がまず断行したのが、採算ベースにのっていない製品の整理だったとか。カレーを自社生産していないということも、この「整理」と関係あるのかもしれない。確認したかったのだが、自社生産していないことも、できるものなら明らかにしたくない、という感じだったので、ストレートには聞きそびれた。

ともあれ、イギリス人にC&Bで連想するものを聞くと、ピクルスをはじめとした保存食品の会社というイメージが昔もいまも強い。すくなくとも、聞いたかぎりのイギリス人の中で、C&B＝カレーという連想をしたものはいなかった。

十六パケット・イン・ジャパン

ところで、この商品リストを凝視していたら、日本とC&Bの古いつきあいをかいま見ることができた。カレーの項目にはイン・パケットとかボトルド1オンスといった感じで単価を記してあるのだが、その中に十六パケット・イン・ジャパンというのがあった。ほかの商品の項目とも比較してみたのだが、ほかには特別地域限定の商品や値段はなかった。なぜ、日本向けカレーばかり、特別にあったのかわからなかった。

それはカレーの日本への輸出が特別に多かったということなのか、日本の顧客が特別なパッケージの注文を出したということなのかわからないのだが、日本への輸出量が多かったと考えるのが、自然なような気もする。

一八八四年といえば明治十七年である。まだまだ広く普及したとはいいがたいときである。それでもほかの輸出先などとは区別するだけの消費量があったのか、それとも、今後は増加させようという企業戦略でもあったのか、ちょっとした不思議である。

もう一つさがしだしてもらった商品リストに一九二六年のものがある。こちらは、とくに日本むきなどと記述はない。ボトル詰めの何オンスものとか、ジャー詰めのペーストの価格が記されているだけである。ただ、商品名の下につけられたちょっとしたコピーがおもしろいので、参考までに書いておきたい。

「本当のカレーを作るための本物のレシピ、イングランドでよく見かけるような色のよくないイミテーションではありません」

そのころはC&B以外のカレーもたくさんでていたということだろう。日本ではほかのブランドは見向きもされなかったようだが。

大英図書館を踏破

C&Bの会社に残された資料から、カレー粉誕生の物語をたどろうとした企みは、みごとにあてが外れた。資料といえるものはこの商品リストだけだったのだ。

ネッスルの傘下に入ったとき、その手の資料ももしかしたらスイスの本社に行ってしまっているかもしれない。そこでスイスにも連絡をとって調べてもらったのだが、結局、資料らしい資料はそちらにもまったく残っていないということだった。しようがないから、どこか資料のあるところ、ということで目をつけたのが大英図書館である。

かのマルクスやレーニンにはじまる社会科学、人文科学の世界の超有名人たちが、勉強していたことでも知られる、そして世界有数の蔵書を誇ってもいる、あの大英図書館である。

ロンドンを訪れた観光客が、かならず行くところの一つが大英博物館である。パリのルーブルと並び、いかにこの両国が大泥棒であったかをロゼッタストーンからピラミッドの先端にいたる展示物が証明してくれるところでもある。

その大英博物館に正面玄関から入っていくと、真正面がインフォメーションである。観光客は、その左右の土産物売り場や展示コーナーに進むことになるのだが、目立たないインフォメーションの裏にまわると、そこが大英図書館の入り口になっている（取材当時。今はセント・パンクラスに移転）。

このインフォメーションから図書館の入り口までのほんの十メートルが長かった。博物館のほうは、無料で、だれでも入場可だが、同じ入場無料でも図書館はそれなりのけっこう面倒な手続きをふまないと入れてもらえないのだった。

ここにしかない本をさがす

まず、入場申請の書式に必要事項を記入する。どういうステータスで、何を調べているのか、なぜこの図書館でなくてはならないのかなどを、もちろん、英語で書く。

　これを提出すると、インタビューをされる。記したことをチェックし、ふたたびなぜこの図書館でなくてはならないのか、と問うのだ。このテーマだったら、どこそこの図書館に蔵書が多いはずだから、そこには行ってみたのかなどとも聞かれる。

　旅行してまわるのが商売だから、簡単な英語のやりとりならまったく苦痛ではない。ただ、英語で文章を書いたり、こみいった話をするのには慣れているとはいいがたい。はっきりいってしんどい。それでも、学生時代を思いだして、どうにか書いて、話をしに行ったのだが、カレーならどうしてインド関係の図書館（そんなものがまたちゃんとあるのがイギリスである）に行かないのか、とやられてしまった。

　いや、イギリスのカレーの話をとくにさがしているんだから、こっちのほうがいいと思うんだけど。時間もないし、不案内な街でそんないろいろな所、まわっていられないし。

　とにかく、この図書館に入るには、ここでなければならない、ここにしかない本があるという積極的な理由がないと駄目。だから、そんな本をさがしなさいと部屋のうしろにある索引の山を指された。

五年間有効許可証

で、カレーという項目を手あたりしだいにさがしたりしたのだが、何もありはしない。らちがあかなくて、とほうにくれていると、南インドかバングラデシュあたりの出身とおぼしき館員が手をかしてくれた。初代インド総督ヘースティングズをさがそうといっても、日本でみていた資料は全部訳されたものだったから、カタカナ書きである。スペルもさだかでなかったのだが、その名前をいうと、いとも簡単にフルネームを書きだし、わたしのテーマに関係しそうな、しかもここにしかないような、自伝とか自筆の手紙の載っているあたりを開いてくれた。それをみたいということにしたらいいという。

で、書きだして提出すると、今度は大丈夫だった。商売柄、プレスカードの類はいっぱい持っているから、それを見せたらなんと五年間有効という許可証をくれた。

それにしても、この間三十分である。イギリス人のだれに保証人になってもらったわけでもない。住所だってホテルである。それで、この国、いや世界有数の図書館を自由に使える許可をくれるのである。

入ってみて、いろいろな意味で納得した。学生時代でもやらなかったような「勉強」をやる気になる、おごそかで知的な雰囲気にあふれているのだ。サービスもいい。頼んだ本はいくらでも机にもってきてくれるし、スタッフが親切で協力的なのだ。やっぱり、これが伝統の力かしら。でも、無制限にだれでも入れたら、やっぱりこういうサービスは無理なのかな、と冊数まで制限して、そのうえマイクで呼び出す日本の国会図書館を思いだしたりする。

それでも「カレー」の資料は乏しい

蛇足が長引いてしまった。が、何もカレーから離れて図書館の話をしようと思ったのではない。これだけ感動、感心してしまったにもかかわらず、食文化という点ではこの大図書館でも非常に貧困であったということなのだ。

たとえば索引で、「東インド会社」という項目を引く。するとこれに関する書籍はもちろんどんな古いものだってあるし、取り引きの契約書やメモまである。人物でも、たとえば「ヘースティングズ、ウォーレン」と引くと、これまた彼のインド総督としての公式記録の類から本国の友人などにあてたプライベートな手紙までオリジナルで残っている。そういったものを見ることが可能なのである。それほどすごい図書館なのだ。

それにもかかわらず、「食文化」とか「調理」といった項目で引いていくと、貧困としかいいようがない。一応は「社会科学、人文科学の図書館」を標榜《ひょうぼう》するところなので、料理ということになるとちょっとちがうのかもしれないが、食の歴史的変遷といった生活史的側面からももっとあってしかるべきものだと思う。それなのに、東インド会社が索引で百ページや二百ページを平気で占めているのに、食（フード）などと引くと一、二ページに収まってしまっているのである。大英図書館の付属施設である、インド専門の図書館、「インディア・オフィス・ライブラリー・アンド・レコーズ」でも結果は同じである。ほかの面ではこんなものまでと感心させられる蔵書量なのに、食という面では欠如しているのである。

いろいろな角度からさがしていって、どうにか欲しい資料は見つかったが、そしてその意味ではさすがにそろっているとは思ったが、やはりその貧困さにイギリス人の食に対する姿勢を感じないではいられなかった。いくら伝統と歴史の国とはいえ、重んじていないものはどうしようもないのだろう。C&Bに資料が残っていないというのも、ここでまた納得したというしだいなのだ。

スパイスの薬効

カレーに話を戻そう。

イギリスの繁栄を築いたビクトリア女王（右）　リンスホーテンの肖像　『東方案内記』より　公益財団法人東洋文庫所蔵（左）

この図書館にこもって、考えられるかぎりの項目から索引を引いていった。すると、すくないとはいえ大御所の品ぞろえ、それなりのことはあった。近くの本屋を歩きまわり、帰国後はまた日本語の文献を調べた。以下は、そうして整理したカレー粉誕生にいたる経緯である。

イギリス人もふくめた西洋人と「カレー」の最初の出あいは、ぞくに大航海時代と呼ばれる時代のことである。

ことのおこりはスパイスだ。スパイスはヨーロッパの人々にとって非常に重要なものであった。スパイスというと、現在では料理の味付けのためのもののようだが、さきに注目されたのは薬としての効果である。ほとんどのスパイスが中国の漢方の世界でも薬として用いられ、中国名を持っていることからもわかるように、実際に薬効がある。

大雑把ないいかたをすると、腐敗防止、殺菌などの効果を持つものが多い。テレビのクイズ番組の問題に、ペストが中世ヨーロッパで大流行したとき、口のあたりにクローブがいっぱい縫い込んであるマスク兼マントみたいなものが出てきた。スター・ウォーズのようなSFで兵士がかぶっているマスクか、実際にあるものでは毒ガスマスクが近い感じだが、これをつけていればペストがうつらないというわけだ。クローブにペストまで防ぐ力があるかは疑わしいが、薬としての効果があることはまちがいないし、とにかくそう思われていたようなものだったということである。

金・銀とスパイス

ペスト防止マスクはさすがに極端な例だが、たとえば代表的スパイスの一つである胡椒の使いかたである。豚などの家畜をえさがすくなくなる冬のまえにつぶして、越冬用の食物にするが、春近くなってくると腐りかけてくる。それを食べるのに胡椒を使うと匂いも消えるし、しかもお腹をこわすこともない、ということで重宝されたらしい。そんなわけで貴重品であり、金や銀と同じ重さで同じ価値として取り引きされていたという。この話は世界史の教科書にも載っていたから、記憶の片隅に残っているはずだ。

胡椒をはじめとするスパイスが貴重、高価であったのは、産地である東南アジア、インドからの流通を途中にあるアラブ諸国の商人たちに握られていたことであるとか、アラブの国々に高率の税金を徴収されたことなどによる。

そんな交易で栄えたアラブ世界がアラビアンナイトの舞台である。また、ヨーロッパの側ではイタリアのヴェネチアが、地中海の海上権を握り、この交易を独占していた。それによる莫大な利益が、ルネッサンスの源である。

そもそも、アラブ世界から東は、ヨーロッパの人々にはほとんど知られざる世界であったし、スパイスがどんな木であり、どんなぐあいに栽培され、収穫されたものなのかも知られていなかった。それについての知識を最初にまとまったかたちでもたらしたのが、日本人には「黄金の国」ジパングと書いたことで知られる、マルコ・ポーロの『東方見聞録』である。

東方ではこんなものを食べている

東方とスパイスについての情報が増えていくと、直接貿易をおこなえば、莫大な利益をえることができるにちがいないと考える商人、船乗りがあらわれるのは自然ななりゆきである。

そこで、コロンブス、バスコ・ダ・ガマ、マゼラン、ヘンリー航海王子などというこれまた世界史の試験に欠かせない名前が登場してくる。

彼らは、インドや東南アジアにスパイスを求め、航海に出て、アメリカ大陸を「発見」してしまったり、世界一周をなしとげたりする。そして、さまざまな試行錯誤ののち、インドに直接ヨーロッパ人が交易におとずれるようになり、さらには植民地となっていく。

植民地時代の話はさておき。大航海時代にスパイスを求めて訪れた西洋人たちが「カレー」を食べてみたであろうことは、想像にかたくない。ところが、不思議なことに食べてみたらどうだった、うまかった、まずかったというような感想の記録がひじょうにすくない。「彼らはこんなものを食べている」というようなものが多いのである。

そんな記述のいくつかを拾いだしてみる。

「ここには銀製の大きな盆が運ばれる。それは平らで、縁《ふち》がない。そしてそれには銀の小皿がのせてある。（中略）彼（料理人）は、煮た米の入っている壺を持っていて、それを匙《さじ》で盆の中央に少量出す。それは形がこわれていないし、また乾いているので、料理されたもののようには見えない。この米に引続いて他の多くの壺や皿が運びこまれる。かれらはそのそれぞれを小皿に盛る。すると［王は］右手で食べはじめる。すなわち匙を使わずに手で米を一握《にぎ》りとり、他の食物をとって、それと米とをまぜ合わせる。左手では決して食物をとらない。ただ銀の水差に水が入っていて、彼が水を飲みたい時には、それを左手でとり、それを高くあげて水を流し出して、水差に触れないようにして口に流し込む。彼の食物は肉、魚、野菜およびその他の食料品で、それらは多量の胡椒で調理されている。従って［それは辛く］、わが国の人々でそれをあえて食べようとする人はいないであろう」（ピレス　一五一四年頃『東方諸国記』「マラバル地方について」七、王の食事）

「インディエは魚が豊富で、そのうえ、なかなかうまいものがある。いちばんうまいのは、モルデシーン、パンパノそれにタティンゴという魚だ。ペイシェ・セーラというのがあるが、これは鮭《さけ》のように筒切りにして塩で漬けると実に美味で、また長もちするから、航海中の食糧として携行するとよいだろう。魚はたいていスープで煮込み、米飯にかけて食べる。この煮込汁をカリール（carriel）という。やや酸味があって、クライス・ベス［酸《す》ぐりの一種］か未熟の葡萄《ぶどう》でも混ぜたような味だが、なかなか美味で、カリール料理はインディエ人の常食である。かれらにとって米飯はわれわれのパンに当たる。エルフト［鰊《にしん》の類］、鰈《かれい》その他いろんな種類の魚がどっさり捕《と》れるが、とりわけ蝦《えび》がおいしく、それにあんな大きな蝦をわたしはかつて見たことがない。一ダースもあれば、たっぷりした夕食になるくらいである」（リンスホーテン一五九六年『東方案内記』四十八章インディエの魚類ならびに種々なる海生動物について）

「彼ら（セイロンの人々）は果実を煮て、ポルトガル語でいうカリーを作る。これは何か御飯と一緒にして、かけて食べるためのものである」（ノックス　一六八一年『セイロン史』）

唐辛子と胡椒

唐辛子ではなく胡椒で辛いというのは、現在のカレーの辛さの主成分である唐辛子がアメリカ大陸原産で、おそらくこの大航海時代の交易でおとずれたヨーロッパ人によってもたらされたからである。

リンスホーテン『東方案内記』に描かれたスパイスの木　憂愁の木、胡椒、ベテレ、アレッカが足もとにならんでいる（上）　バナナと椰子の木のうち右から２本目にある椰子の木の幹には胡椒の蔓がからまっている（下）　公益財団法人東洋文庫所蔵

ついでにいうと、インド料理でおなじみの材料、トマト、ジャガイモもアメリカ大陸原産である。だから、カレーが現在のようなかたちになっていくのにも、大航海時代のヨーロッパが貢献していることになる。あの時代に、あのようなかたちでヨーロッパとアジアのかかわりが持たれなければ、いまのようなカレーにはならなかっただろうし、当然ながらイギリスを経由して日本に紹介されることもなかっただろう。

まあ、歴史の「もし」をいってもしようがないことだが、とにかく、当時おとずれた船乗りたちがみたインド料理は、現在のそれとはかなりちがったものであることはたしかである。

唐辛子の伝播《でんぱ》以前からインドの料理はヨーロッパ人には食べられないくらい辛かったというのは注目に値する。よく想像されているように唐辛子が入ってきて、辛くなったのではない。もともと辛いものへの嗜好《しこう》があったところで、それにあう味、材料が入ってきたということなのだろうと思われる。

ヨーロッパ人には食べられない辛さ

リンスホーテンの『東方案内記』のカレーの記述はこの時代の記録のなかでも、めずらしく詳細にわたり、料理の内容を記しているので有名なものである。のちの「カレー」につながる「カリール」という名前が書かれていることでも知られる。

この記述から想像できる料理は、わたしたちが現在インドのカレーとして知っている油気の強い、トマトやヨーグルトをたっぷりと使ったものとはずいぶんとちがう。が、未熟な葡萄のような酸味で思い浮かんだのが、タマリンドを使ったカレーである。

葡萄の酸味は酒石酸《しゅせきさん》という成分であるが、タマリンドはこれを多量にふくんでおり、まさに未熟な葡萄みたいな味がする。たんに酸味のあるという表記ではなく、葡萄みたいなとことわっているからには、これにまちがいないと思う。

タマリンドを使い、酸味を出した料理は現在、東南アジアだけでなく、南インドからスリランカにかけてもある。

とくに、魚をよく食べるところで、魚を使った「カレー」としては頻繁《ひんぱん》に登場するものだ。たまたま、この手の料理を口にすることがあって書いたのだろうか。それとも当時の南インドではこの手の料理が一般的だったのだろうか。

このあたりのヨーロッパ人のカレーへのファーストコンタクトでは、カルチャーショックが強すぎたのか、外国の食習慣を受け入れるという発想自体がなかったのか、全体にきわめて淡泊、冷淡にみているだけのように思える。もしかしたら食べてみた人はすくないのでは、という印象が強い。

ほしいのはスパイスだけ？

当時の主だった原資料を日本語にしてくれた、『大航海時代叢書』というありがたいシリーズがある。そのなかのインド、東南アジア関係の部分でも、結局さきにあげた程度しか記述がないのだ。それ以外では、「米とそれ以外の食糧、肉や野菜が食べられる」という書きかたしかしていない。

当時のその手の本は、スパイスを手に入れようと出かけた船乗りたちにとっての情報ハンドブック、旅行ガイドブック技術編の役でもはたすように書かれたようにもみえる。読者の関心が、相手の風俗、文化を知るということではなく、どこで自分たちの口にあう料理を作るための材料が入手できるか、というたぐいの情報が優先したということなのだろうか。

自分たちの土地では育たないスパイスを受け入れるという行為は、必要に迫られ、いかに莫大な利益をもたらす金儲《もう》けのためとはいえ、精神が柔軟性に富んでいなければできるものではない。ところが、そのスパイスを求めてきた船乗りたちが、自分たちにとってきわめて新鮮な食文化を目のあたりにして、なぜためしてみようという方向に進まなかったのだろう。

それとも、やっぱりためすことはためして、口にあわないということだったのだろうか。それが、さきの「それは辛く、わが国の人々でそれをあえて食べようとする人はいないであろう」という記述になるのだろうか。

なぜめずらしいものなのに、その味がどうこうという記述がすくないのだろうという疑問だけは消えない。地球が丸いということさえ自信なかったあの時代に、遠洋探検航海に漕ぎ出す勇気があるのに、と不思議でしようがない。まあ、食文化がどうこうという発想の昨今とは、時代がちがう。そのようなことはどうでもいいことだったのかもしれない。

ヘースティングズが伝えたカレー

みじん切りのタマネギとぶつ切りの鶏をバターで炒め、ブラウンに色が変わってきたら、ターメリックとショウガ、それに胡椒を加え、クリームとレモン汁を入れて煮る。

ターメリックで黄色くなるところはちょっと毛色がかわっているが、鶏のクリーム煮みたいなものだし、それほどめずらしくもない西洋料理のたぐいだと思われるかもしれない。

ところが、これがイギリスの書籍に登場する最初のカレー調理法なのである。ある資料によるとヨーロッパ全体では、ポルトガルの本にこれよりすこし古いカレー調理法の記述があるというのだが、それは発見できなかった。

とにかく、大英図書館にこもってみつけだした、カレーのイギリス最古のレシピである。

「カレーのインド式調理法」To make a curry the Indian way と紹介されたもので、『明解簡易料理法』The Art of Cookery Made Plain and Easy というおそらくイギリスでもっとも古いベストセラーのクッキングブックの中にある。一七四七年刊というから、カーナティック戦争のころである。英仏が南インドで海上交易の覇を競った(その後の植民地支配にも連なる)戦争である。カレーをイギリスに紹介したといわれるヘースティングズが初代ベンガル総督に就任する(一七七四年)よりもずっと前のことだ。

『日本大百科全書』では「一七七二年にヘースティングズがインドから持ち帰った」

とあった。食べ物をだれが、いつ、持って来たと特定できるものか、それ以前だって往来はあったのだから、資料に残らないような無名の人物が持って来ていたということだってありえるのではとも思っていた。すくなくともこの二つの資料から考えると、あり得ないということになる。持ち帰ったという時よりもずっと前に、本に書かれているのだから。

ヘースティングズが持ち込んだ、紹介したというわけではないが、彼がインドとイギリスを行き来した十八世紀後半のころには、すでにカレーも知られるようになっていたということは間違いなさそうだ。

ターメリック、ショウガ、胡椒がカレーのもと

調理法に戻ると、鶏二羽に対してタマネギ三個であり、鶏は切りわけてから清潔にして、これまたきれいな皿に置いておき、などという説明がある。しかし、あまりにも古い本で、いってみれば「古典、古文」を読むような世界なのである。英文学史を勉強しているわけでもない身には、少々むずかしかった。おまけにばらばらになってしまう危険があるからか、コピーも許可されない貴重な本である。万年筆やボールペンでの筆記も駄目で、鉛筆で書き写さなければならなかったのである。

ともあれ、この料理本が紹介している「カレー」のもとは、ターメリックとショウガ、胡椒をあわせたものだ。

ためしに作ってみたいという物好き氏のために分量を書いておく。

さきに記したようにタマネギ三個、鶏二羽に対して、ターメリックが四分の一オンス（約七グラム）、ショウガと胡椒がそれぞれ大匙一である。さらにレモン汁は二個分、クリームが四分の一パイントというから約百五十ccである。またクリームなど入れるまえにリカーを注ぎ、となっているのだが、その量は記載されていない。リカーというのも酒ではなく液体ということで水のつもりだと思う。とにかく時代が時代だからか、全体にかなり大雑把な記述なのである。

西インド式亀の詰め物

この本には、米の炊きかたなども載っていて、それまたけっこうおもしろいのだが、それ以上にびっくりしたのが、「西インド式亀の詰め物」というわけのわからない代物《しろもの》だった。

亀を殺すには、首を引っぱり出して、切って、というところからはじまる、非常に親切な不思議の世界である。こちらはいくら物好きでも、さすがにためしてみることもできないだろうが（何しろ、亀というのがどうもすっぽんみたいな小さいものではなく、かなり大きいものみたいなのだ）、だいたいこんな調味料と作りかたである。タイム、パセリ、セイボリー、メース、カイエンペッパー、白胡椒、これらをバターで最初に炒め、さらにマデラ酒などを加え、さらに亀を四、五時間煮て、小麦粉でとろみをつけ、というぐあいである。肉をミンチにしたりもする。

こちらのほうには、西インド式とは銘打ってあるものの、カレーという表記はない。だが、鶏には使われていない、唐辛子（カイエンペッパー）が使われているし、小麦粉でとろみをつけたりもしている。

こちらのほうがいまの感覚では鶏のものよりもカレーらしいように思える。が、ターメリックが入っているかどうかが、カレーという呼称になるわかれ目となったようである。

カリールからカレーに

この『明解簡易料理法』という本の存在と、カレーについての記述があることをさがしだしたのは、さきにちょっと触れた、『オクスフォード英語辞典』からである。

この巨大な巻数の辞典には、そのことばの代表的な使用例や最初の例が記されている。

カレー curry という項目をひくと、何年刊の何という本で、どのようなかたちで登場しているのか、ちゃんとそこまで書いてある。語源辞典の役割もはたすし、それも並みの辞典とは作りかたがちがい、徹底した調査で何十年もかけてあるだけあって、信頼性や便利さの格がちがう。

これで登場するもっとも古い例が、さきにあげたオランダ人、リンスホーテンの『東方案内記』のカリール carriel というものを翻訳、引用したもので一五九八年に出ている。

そのつぎがイギリス人自身によって書かれた最初のものらしい、一六八一年のノックス『セイロン史』。これではカリー carrees となっている。

そして、そのつぎに古い例としてあげられているのが、『明解簡易料理法』の中のものだった。その出版が一七四七年であるから、リンスホーテンから一世紀半、ノックスからでも七十年弱の時間をへて、「彼らが食べているものは」といった記述から「わが家でインド料理を作ってみましょう、食べてみましょう」になったということである。

　ちなみにこのカレーのスペルはcurreyで、現在のスペルとくらべるとeが余計である。このあとのものでも、たとえば一七六六年の本でもcurreesとなっているものがある。この時代ではまだ呼びかたも確定はしていなかったことがわかる。そんな中で、現在のスペルcurryになっているのが、一七四七年の『明解簡易料理法』であるというわけである。やがてそれで落ち着く。

イギリスのインド支配

　ここで、当時のインドとイギリスの関係をちょっと整理しておこう。

　インドをはじめとする東洋との交易のために西欧諸国はそれぞれ東インド会社を作っている。国が出資した特許会社で、イギリス東インド会社が一六〇〇年、オランダ東インド会社が一六〇二年、フランス東インド会社が一六〇四年に設立されている。最初は商社として活動していたものが、やがて国を代表する統治者となっていく。十七世紀後半にオランダが衰退していき、英仏の対決となる（ヨーロッパ本土、アメリカ大陸もふくめて英仏の対決が進んでいるころである）。

　インドにおける英仏の戦いはカーナティック戦争と呼ばれ、前後三回（一七四四～四八、五〇～五四、五八～六三年）におよんだ。この戦いははじめ南インドの土侯国《どこうこく》どうしの争いであったが、英仏両東インド会社が介入し、両国海軍が出動するまでにいたっている。そして、結局はイギリスがこの戦争に勝ち、フランスをインドから駆《く》逐《ちく》する。

この戦争の末期、イギリス側がフランスの攻撃に備えてカルカッタを城塞化したのに対して、ベンガルの太守《たいしゅ》がカルカッタを占領したことからまた別の戦争となった。フランスから援助されたベンガル太守の軍を結局はイギリスが破り、その結果、ベンガル地方の実質的な支配者となる。最初のうちはそれでも東インド会社が前面にでて、太守の政府をうしろからコントロールするという方法をとっていたが、社員が私腹を肥やしたり、経営が乱れたりしたため、イギリス政府が直接的に支配する植民地となっていく。

ベンガル総督ヘースティングズ

東インド会社の社員であったヘースティングズが一七七四年初代のベンガル総督となる背景は以上のようなものであった。つまり、カレーがイギリスへ紹介されたころというのは、イギリスが本格的にインドを植民地化していこうとして、かかわりをふかめつつあるときだったということである。

インド人が見たイギリス人たち（上）と植民地で本国同様、戸外でティータイムをたのしむイギリス人たち “RAJ A Scrapbook of British India 1877-1947”より（下）

この段階ではベンガル総督という名称がしめすように、インド全体を支配下に置いたということではなく、あくまでベンガル地方だけを植民地としたものである。しかし、ここを足がかりに植民地を広げていく。

一七六七年から九九年にいたる間の四回のマイソール戦争では南インド一帯を支配下におく。一七七四年のロヒラ戦争、一八一四〜一六年のグルカ戦争でヒマラヤまで広げた。さらに、三回のマラータ戦争で中央インド、西インドを、またビルマと戦ってはアッサム地方を手に入れ、最終的にパンジャブ地方も征服した。

結局、一八五六年にインドはすべてイギリスの植民地となる。ただし、全部をまとめて支配下に置いたわけではなく、直轄領と小さな土侯国を従属国とした部分とが複雑に入り交じった支配体制である。

イギリスが引きおこした戦争を一応全部書こうと思ったのだが、途中で嫌になってしまった。それだけしつこく戦争をくりかえし、インドとふかいかかわりを多くのイギリス人が持つことになったということである。こうしてインドに深入りする過程で、カレーも本格的にイギリスに入ってくる。それも米が主食のベンガルが最初のかかわりであっただけに、チャパティ式ではないごはんつきのカレーが受け入れられたようだ。

いつのまにかカレー粉ができあがった？

カレー粉がいつ誕生したかは、すでに述べたようにC&Bにも残っておらず、明確に時期をしめす資料を見つけだすことはできなかった。ただ、急激にかかわりをふかめていく過程をみていると、はじめてカレー調理法が紹介された一七四七年からそれほどたっていない時点で、カレー粉まで到着しているのではないかと想像はできる。

さきにあげた『オクスフォード英語辞典』によるとカレーパウダーというもっとも古い例は、一八一〇年刊の『ファミリーハーバル』Family Herbalという本にあった。原典をあたってみると、イギリスと諸外国にある植物の医学的な効用について述べた本で、植物辞典のように各植物が紹介されている。その中にターメリックの項があり、そこでカレーパウダーが登場している。

まず、どういった形状で、どこが産地でといった説明があり、どういった症状にたいして効果があり、とつづく。そこで、「しかし、この国でのターメリックはカレーパウダーの原料の一つとしての使用に限定されている。カレーパウダーというかたちでは、（もともと）西インドで（ターメリックは）大量に用いられている」と説明されている。

『オクスフォード英語辞典』では「限定されている」というところまでが引用されているので、明らかにカレーパウダーがこの時点では存在していたと読める。がそれ以下（原文ではカレーパウダーにかかるin whichで結ばれている）の西インドのカレーパウダーというところを考慮に入れると、はたしてわたしたちがいま考えるような商品としてのカレー粉があったのか、さだかでなくなってくる。

というのは、西インドでは、カレーを作るときにさまざまなスパイスを混ぜあわせ、ターメリックも入れる。そうやって作った調味料をカレーパウダーと呼んでいるという意味にもとれるからである。前章でみてきたように、インドではカレーパウダーを使っているわけではないので、そう考えたほうが自然ではないか。

とすると、この国、イギリスの場合でもカレーを作るときの材料の一つであったという読みかたも可能なのではないかと思われるのである。

つまり、この一八一〇年の時点で、カレーパウダーということばが存在していたことはたしかであるが、それがC＆Bの商品がすでにできあがっていたかどうかの確証にはなっていない。おそらくはできていた、と思えるのではあるが。

そして、このつぎに紹介されている事例は一八五〇年であり、日本に入ってくる時期とそれほど落差がない。あってあたりまえというときである。つまりは、いつのまにかカレー粉ができあがって、商品となっていたらしいとしかいえないのである。

カレー粉誕生で国際舞台に

ただ、西インドのカレーパウダー云々という話を読みながら、ふと思いついたのだが、カレー粉誕生はインドのガラム・マサーラ、つまりカレー作りで煮込む途中に味を調え、香りをだすために入れるスパイスを、乾燥させたまま調合しているものから、さほどむずかしくなくつながっていくような気もする。

さまざまなスパイスを調合して、一つの料理に使うのは、慣れていない民族には非常にむずかしい。美味しい料理だから広まってほしいけれども、そのままでは無理だ。混ぜてあるものを商品にして、作ってしまえといった発想になったのだろう。そのとき、ガラム・マサーラの存在が大きなヒントになったのではという気もする。

また、胡椒、ショウガ、メース、クローブなどを混ぜあわせて、ピクルスを漬けるときに使うピクリング・スパイスや、煮込み料理などによく使われるスパイスやハーブを一緒にして縛ったブーケ・ガルニなどの複合香辛料の発想は、ヨーロッパにはもとからあった。だから、カレーの場合でもそれほどむずかしいことではなかったのかもしれない。いずれにせよ、C＆Bが繁雑なプロセスを必要としないカレー粉という商品にしてしまったことによって、カレーがそれほどむずかしくない料理として、国際化していくことにもなったのではないだろうか。

また、その段階で当然インドそのままの配合ではなく、唐辛子などの刺激をひかえ、慣れないイギリス人に受け入れられるものとしたのだろう。それが、結局はインドという一地域の料理であったものを、広く国際的なものとしたのではないだろうか。

『ビートン夫人』のカレー料理

イギリス最初のカレーが記されている『明解簡易料理法』と並ぶイギリスの代表的調理書に、『ビートン夫人の家政読本』(一八六一年)がある。この本にも数多くのカレー調理法が記されているが、カレーパウダーの作りかたまで載っている。

コリアンダー、ターメリック、シナモン、カイエンペッパー、マスタード、ショウガ、オールスパイス、フェヌグリークを用いて作るもので、ことこまかい指示が書いてあるのだが、その終わりにこんな記述があった。

「このカレー粉のレシピを、家で作ることのほうを好む人々のために記しておきますが、一般的にいって、信頼できる店で『カレー粉』を買うほうが、さまざまな要素を考慮に入れても、はるかに経済的で」云々。

ところで、このころのカレー調理法であるが、『明解簡易料理法』のころとことなり、いまのわたしたちにも自然に受け入れられそうなものである。

鳥肉のカレー curried Fowl or Chicken

●材料

残った冷たい鳥肉。タマネギ大二個。リンゴ一個。バター二オンス。カレー粉大匙一。小麦粉小匙一。グレイビー半パイント（約二百八十cc）。レモン汁小匙一。

●調理法

タマネギはスライス、リンゴは芯を抜いてみじん切り、鳥はぶつ切りにしておく。以上をバターできつね色になるまで炒め、カレー粉と小麦粉、そしてグレイビーを入れ、二十分ほどしたら、レモン汁を加えてできあがり。御飯と一緒に供する。

ほかにリンゴが入らなくてクリームを入れるもの、マッシュルームのパウダーを入れるものなどあるが、スライスしたタマネギを炒め、カレー粉と小麦粉を入れ、グレ

イギリスのパブでみつけたカレー（上）　手でなくフォークとナイフをあやつって食べる（中）　カレーが鍋ではなくオーブンから出てきた（下）

イビーを加えるというのが基本的なパターンのようである。入れる素材は鳥肉のほかに兎、牛などが一般的だ。例にあげたものは肉の量を明記していないが、ほかのレシピから考えて、一羽分くらいだろうと思われる。

インドの肉カレーが肉をからめたソース感覚であったのと同様、「ソース」の世界である。

インドの場合はカレーにチャパティなどの小麦粉から作った「パン」の類がけっこうあったのはみたとおりだが、『明解簡易料理法』につづいてこのカレーでも「パン」ではなく御飯と一緒になっている。

これはどうやらイギリスのカレーがベンガル地方原産であることと関係するようだ。あの地域では米食が一般的であるので、カレー料理と米食のセットで入って来て、そのまま受け入れられたようである。

主役はカレーではなく肉である

この本以降、現在にいたるイギリスで出版されたさまざまな調理書のカレー料理法を調べてみたが、基本的には大差ないものばかりだった。差があるとしても、調合の量がちょっとちがうとかトマトが入っているといった程度のそれである。または、も

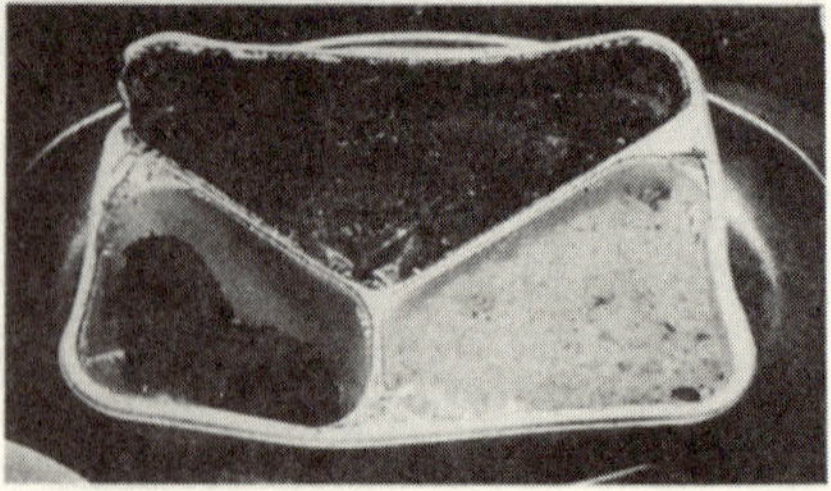

カフェテリアのカレーライス（上） パブではカリブ風のカレーもみつけた ごはんに豆が入ってくる（中） 市販されているレトルトカレー このままオーブンやレンジにいれて温めればすぐ食べられる（下）

っと徹底してソースの発想になっているのか、ここであげたカレー調理法から肉を入れるところを除き、ソースだけを別に作っておき、それをソテーした肉（茹でた卵）などとからめる、というものもあった。

現在、実際に売っているカレーをみると、缶詰やレトルトなどの類でもこのソースのパターンである。インスタントものでもたっぷりの肉で「主役はカレーではなく肉なのだ」と実感するようなカレーソースからみ肉、の世界である。野菜は入っていない。

ただし、パブや大学の学食で見たカレーにはニンジン、グリーンピースなどをたっぷりと入れたものもあった。これが日本のジャガイモ、ニンジン入りカレーと繋がるものかはわからない。カレー粉を入れたカレーではないが、アメリカのチリコンカーンのような料理も一緒に並んでいて、御飯をそえていたので、そのへんの発想とカレーが一緒になった新しいものではないかとも思われる。

パブにカレーがあったと書いた。が、実はこれもロンドンを一日歩きまわって一軒だけやっと見つけたものだった。大学の学食だって、毎日食べられる人気メニューというわけではないらしい。ロンドン大学が大英博物館のすぐ裏手にあるので毎日行ってみて、何日めかにやっとめぐりあったといった程度である。

スーパーマーケットで同じメーカーのカレー粉でも「極辛」、「中辛」、「マイルド」と三種類わけて売ってあったのが、唯一カレー粉の原産地であることを証明するかのような情景であった。もっとも、それほど売れているようではなかったが。

仏独カレー事情

ついでに、フランスやドイツのカレー事情も記しておきたい。

フランスでも、スーパーのスパイス売り場にはちゃんとカレー粉はあった。古い調理書ではあの『美味礼賛』にもフランス料理はカレーも同化した、という記述がある。もっとも、それによると醬油だってフランス料理に採り入れたということになっているのだから、その程度の意味あいなのかもしれないが。

それはともかく、有名な料理本にもカレー粉を使った料理はいろいろと登場する。が、ミシュランの星がついているような有名なレストラン十数軒に電話を入れ、

「カレー粉を使った料理はあるか」

と聞いてみたところ、毎日のメニューに入っているという店は一軒もなかった。日替りメニューで二週に一度とか、パーティーのときの特別なメニューとか、客の注文があれば作るというところが多く、中には「カレー粉を入れるとしつこくなって、ほ

かの味を殺してしまうから使わない」などという店もあった。とにかく、「受け入れられている」という感じではない。個人的に家庭ではどうかと思い、何人かに聞いてみたが、使っているという声はなかった。

ドイツでも、スーパーでカレー粉は見つけた。カレー入りのインスタントもの（カレーソースみたいなもの）もあった。ケチャップでもカレー入りというものがあった。が、やはりさがしてみてやっと目にはいる程度。日本のそれとはくらべるべくもない。

カレー粉を生んだのはイギリスである。これはまちがいない。しかし、可愛がられて育てられた子供というわけではなかった。

ロンドンの空港の入国審査官が「イギリスでカレーを調べる?」とおどろいたのも、いまとなっては理解できる。

4―日本カレー繁盛物語

カレー粉日本上陸

インド、イギリスとつづいたカレーへの旅で、何がカレーなのかおぼろげながらわかってきた。

イギリスでカレー粉が誕生したことが日本のカレーにも繋がっているようだ。小麦粉でとろみをつけるカレーの作りかたも十分に日本のカレーとの関係を想像させるものだった。

しかし、ジャガイモ、ニンジン、タマネギと少量の肉片というわたしが思い描く原風景的カレーは、イギリスにもなかった。イギリス式カレーは日本式カレーの直接的な御先祖様というわけではないようだ。

それでは、日本式カレーはイギリスのカレー、そしてインドのカレーとどういう関係があるのだろう。どういうぐあいに日本式カレーができあがっていったのだろう。

今度は日本国内で記録をたどり、歴史をさかのぼる旅をしなくてはならないらし

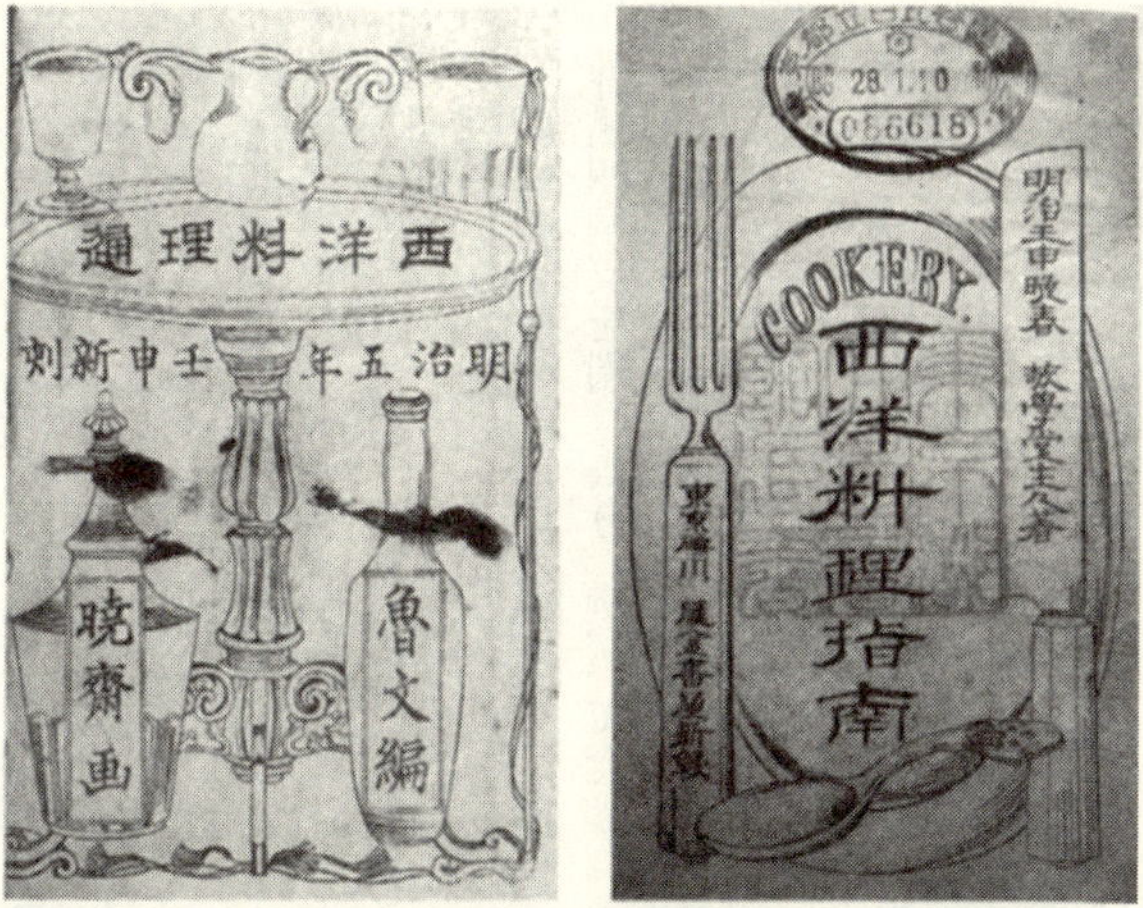

仮名垣魯文の『西洋料理通』 国立国会図書館所蔵（左）と敬学堂主人の『西洋料理指南』 都立日比谷図書館所蔵（右）の表紙　明治5年に刊行された2冊は日本の西洋料理のパイオニアである

い。というわけで、国会図書館などで古い料理書をさがし、調理法の変遷をたどることにした。

カエルカレーとの遭遇

日本カレーを文献でさかのぼっていくと、カエルにぶつかった。というとへんな話だが、記録に残る最古のカレー調理法は、カエルを使ったものだった。

明治五年刊の『西洋料理指南』という本にあるレシピである。

「カレー」の製法は葱《ねぎ》一茎生姜《しょうが》半箇 蒜《にんにく》少許《すこしばかり》を細末にし牛酪大一匙を以《い》て煎り水一合五夕を

加え雞《にわとり》海老鯛蠣赤蛙《かえる》等のものを入て能《よ》く煮後に「カレー」の粉小一匙を入煮るヿ《こと》
西洋一字間《（ママ）》已に熟したる𪜈《トキ》塩に加え又小麦粉大匙二つを水にて解きて入るべし

同じ明治五年、数ヵ月遅れででた『西洋料理通』にも、「カリード・ヴィル・オル・ファウル」という料理名でカレーのレシピが紹介されている。こちらは、その前年出版の『安《あ》愚《ぐ》楽《ら》鍋《なべ》』で有名な仮《か》名《な》垣《がき》魯《ろ》文《ぶん》の作である。

冷残の小牛の肉或いは鳥の冷残肉にても両種の中有合物にてよろし　葱四本刻み
林檎《りんご》四個皮を剝き去り　刻みて食匙にカリーの粉一杯　シトルトスプウン匙に小麦
の粉一杯　水或いは第三等の白汁いずれにても其中へ投下煮る事四時間半　その後
に柚子《ゆず》の露を投混て炊きたる米を皿の四辺にぐるりと円く輪になる様にすべし
●綿羊の冷残肉　葱二本　ボートル四半斤　シトルトスプウン匙にカリーの粉一盛
同匙に麦の粉一盛　塩加減　水及び汁露物等を論ぜず一合程
●右製法
葱を薄く斬りボートル共に鍋の中に投下し鼠色《（ママ）》になるを度とす而カリーの粉並に

小麦の粉塩と共に攪転し能々交混その後薄切の葱とボートルの鼠色になりし物をカリーの粉及び小麦の粉塩の中に投入て肉を薄切にし或は刻み鍋の中に投下前の品々と混合十ミニュートの間程緩火を以て而水或は汁を投れ再び緩火を以て煮る事半時ばかりその後皿に盛り皿を環らし飯をぐるりと盛り食に備う

(原文の片仮名書きを改めた以外は、そのままにしてみたが、わかりづらいので以後は現代文に意訳したものを記す)

カエルカレーのほうは、要するに葱《ねぎ》とショウガとニンニクのみじん切りをバターで炒め、水を加え、海老や蛙などを入れて煮て、カレー粉を加えたら一時間さらに煮て、塩で味を調えたら、水溶き小麦粉を入れる、ということである。

仮名垣魯文のカレーは、肉と刻んだ葱とリンゴ、それにカレー粉、小麦粉を水、あるいはスープに入れて煮こみ、柚子を絞り込んだらできあがりだ。もう一つの羊を使ったものは、カエルカレーに近く、刻んだ葱をバターで炒め、カレー粉と小麦粉を加え、肉をスライスしたものを入れてさらに炒め、水かスープで煮こむ。

ジャガイモ・ニンジン・タマネギ

現在のカレーとあまりにもちがうのでおどろかされるが、その最たるものが素材だろう。最初から、現在の典型的日本カレーである、ジャガイモ、ニンジン、タマネギの黄金トリオがそろっているとは思わなかったが、それにしてもどれも入っていなくて、使った野菜は葱だけだというのはちょっと意外である。リンゴが入っているのがバーモントカレーの専売特許でなかったことが妙におかしい。

なぜ、入れないのかと調べてみると、入れないのではなく、入れられないのだという事実が判明する。つまり、なかったのだ。

食にかかわる歴史的事項を網羅《もうら》した『日本食生活史年表』には、明治四年の項に「開拓使、タマネギをアメリカから取り寄せて栽培」という記載がある。これが、まるっきりの最初かどうかはさだかではないが、このころ、つまりさきの本が書かれたころにタマネギは日本に入ってきたということだけはまちがいなさそうだ。

明治十二年刊の『西洋果菜調理法』という本を見つけた。「葱調理法」という項があり、葱にはオニオンとルビがふってある（別の本ではアニオンというのもあった。アメリカンがメリケンになったみたいに外国語の表記をどうするか確定していなかったようだ）。

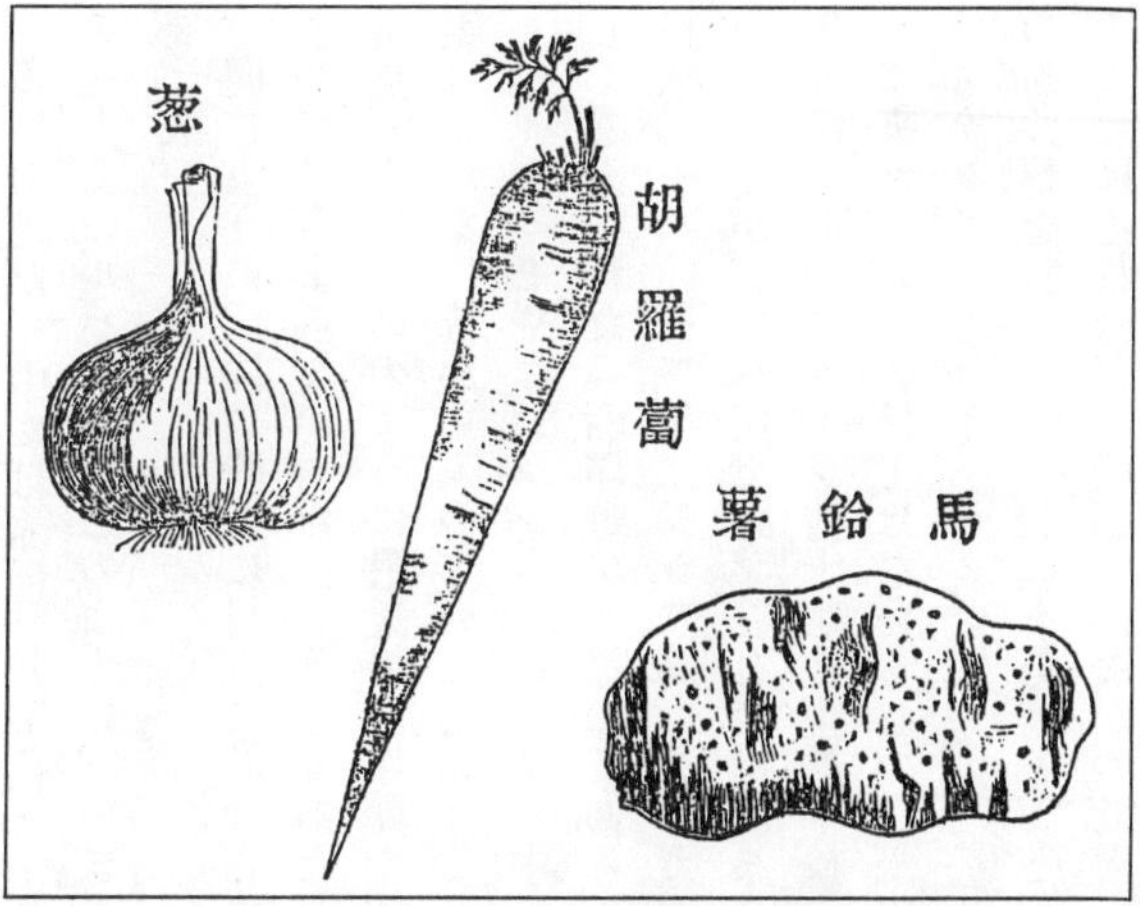

ジャガイモ、ニンジン、タマネギが明治時代に日本に入ってきたとは信じられないくらいだ　『西洋果菜調理法』より

「根を食するものにして外面の贅皮《うわかわ》を去り、よく洗」ってという注釈からも、知名度の低さがわかろうというものだ。ちなみに、この調理法というのがちょっと変わっている。

「水と牛乳とを混和して軟弱なるまで之を煮る」

で、こうして柔らかくなったものにバターを混ぜて食するを良しとするというのだ。

西洋野菜としてのジャガイモ

ところで、この本に登場する野菜をみていたら、エンドウやインゲン、ホウレンソウ、ジャガイモのように現在では常識的なものがもちろん多いのだが、中には赤種甘藍《はぼたん》という赤キャベツやら、漏蘆《ひごたえ》というアーティチョーク、大黄《だいおう》のルバーブなどのように、いまもってあまり知られていないようなものまであった。

同じように、同じ時期に日本に紹介されて、ものによっては受け入れられ、ものによっては広まらなかったというごくあたりまえの選択がおこなわれたのだろうが、さも真新しいもののように最近の女性誌で紹介されたりするアーティチョークなどが、実はこんなに昔から入っていたということに妙なおかしさを感じる。

ジャガイモやニンジンも、この本の中に調理法が紹介されている。つまり当時、新しく導入された「西洋野菜」なのである。もっとも、正確にいうと、ジャガイモは慶長八（一六〇三）年にジャワ島のジャカトラ港からオランダ船によって伝えられてはいるのだが、観賞用で野菜としては広まらなかった。本格的に広まったのは、明治十年前後、あのクラーク博士が札幌農学校（現北海道大学）に来たころである。彼が持って来たというわけではないらしいが、アメリカ産のものが北海道に移入され、それから徐々に広まっていった。「明治十三年。福島県須賀川の橋本伝右衛門、フランスの馬鈴薯《ばれいしょ》を栽培し、大収穫をあげる」と記録に残っているくらいである。つまり、この当時はそれほど一般的ではなかったということだ。

また、タマネギも南蛮船によって十八世紀に長崎に伝えられてはいるが、土着化したのは明治十七、八年頃にヨーロッパの品種を導入して、北海道と大阪で栽培に成功して以来だ。ニンジンも中国から十七世紀に入った記録があるが、これは東洋系の長ニンジンの系統であり、現在の欧州系のものは江戸時代後期に長崎に伝来し、本格的にはやはり明治以降、フランスなどの品種が入ってから広まっている。

現在のわたしたちには、あまりにも日常的な野菜だから、外来という意識はない。そのため、つい一、二世代前に入ってきたものだというと、奇妙な感じがしないでもない。だが、ごく最近、中国野菜やハーブなどを気付かない間に、自然と受け入れてしまった経過を考えると、明治維新のころ、同じようなことがもっと派手におこっただけなのかもしれない、という気がしてくる。すでにわがものとなってしまうと、ずっと昔からそうだったような錯覚に陥《おちい》りがちなものだ。

逆に、つい先だってヨーロッパの青果店の店先をみていて、並んでいる野菜をほとんど全部知っていた自分におどろいたりした。つい一世紀ほどの間に入ってきたものであったというのに、知らない野菜がほとんどなかったというのは、不思議な状況ではないかと思ったりする。

西洋伝来カレーの正体

とまれ、そんなわけでタマネギならぬ葱が使われていたのだが、おどろきはこの野菜だけではない。たとえば、最初からカレー粉が使われたカレーであること。小麦粉を使ったとろみも最初からであることだ。

すでにみてきたように、インド式カレーはスパイスを調合するものである。イギリスでカレー粉は作られた。だから、カレー粉を使ったカレーというだけでインドではなく、イギリスから入ってきた調理法だろうと思われる。国産品など当然のことながらまったくない時代、カレー粉というとイギリスのC&Bのそれを指した。加えて小麦粉でとろみをだす方法、さらに「西洋料理」と頭につく本の名前。もうこれだけで、完璧に西洋伝来カレーという正体をさらしているようなものだ。

それにしても、調理法には不可解なところが多いし、そして片やカエル、片や煮残り肉という材料はこれまた不思議だ。

カエル料理の中国起源説、フランス料理説

まず、カエルを使ったカレーであるが、インドでもみたことはないし、イギリスのレシピでもまったくない。「なぜそんなものが」といっても資料などもちろん、ある

わけないから、あくまで推測でしかないのだが、考えられるのは、イギリス人が連れて来たコックが中国人であったか、フランス料理の発想が入って来たのか、ということだ。

明治維新の直前、香港がイギリス領となっている。そのころ来日していたイギリス人は当然ながら船を使っているから、香港経由と考えるのが自然だろう。

イギリス人に雇われる中国人（とくに広東人）がいても不思議はない。実際、コックや船員となった中国人はすくなくない。

この中国でも南の住人はこと食べるものに関するかぎり、「二本足で食べないのはお父さんとお母さんだけ。四本足で食べないのは机と椅子だけ」という名声の持ち主である。親戚でも家具でもないカエルも、当然のようにその料理のレパートリーの中にふくまれている。

現代の香港や台湾、東南アジアのいくつかの国でも、素材を店の前に並べるスタイルの食堂で、皮を剝《は》がれ、大股開きになっているカエルが、豚や鶏などと一緒に並んでいることはめずらしくない。唐揚げふうにしたり、炒め物、煮物に入れたりする。だから、彼らの手で、西洋料理のカレーに中国式アレンジが加えられたものが、カエル入りのカレーではないか、というのである。

もう一つの可能性、フランス料理説であるが、かの国も中国人に負けず何でも食べてしまうという名声の持ち主である。当然、カエル食いの伝統も持っている。ソース風カレーはイギリスの例で見たそれと同じようなものであるにしろ、ソースをからめた料理自体フランスが本場であるので、それとの関連だってありえる話である。

カエルカレーに挑戦

そんなことを考えたものの明確なイメージが抱けないので、それならいっそのこと、実際に作って考えてみようと思い立った。ところが、これが大変だった。カエルがなかなか手に入らなかったのである。

築地の市場でさがすと、「あるときもあるんだけど、今週は入らない」。食品売り場の一番大きなデパートなどにも連絡をとってみたが、兎や山鳥はあってもカエルはないという。

思いついて、電話帳の黄色いページをくってみた。川魚専門店という項で、「カエルもあります」という宣伝文句をやっと見つけ、手に入れることができた。

話を聞くと、もともとアメリカから入ってきた食用のカエルらしいが、養殖ではなく、霞ケ浦などの湖沼《こしょう》地帯で自然に繁殖したものを捕獲したものだという。実際、日

『西洋料理指南』のカエルカレーを作ろうと材料をそろえてみた

ごろ近くの池などでみかける可愛らしいのとはちがい、手足をのばすと三十センチはこえる巨大なやつだ（もちろん、あの本が書かれたころはこの手の食用カエルは日本にはいなかった。実際に調理されたとしても、赤蛙のはずである）。

日本で買うのは中華料理屋とフランス料理屋が圧倒的で、個人はすくない、というよりほとんどいない。多いのが、フランス、アメリカ、香港などへの輸出だという。水煮にしたものを缶詰、冷凍で出荷する。ちなみに、ほしければ生きているものも売ってくれるが、普通は皮を剝ぎ、骨付き肉にしたものだ。

ブイヤベースかソース風か

とにかく、カエル肉を手に入れた。作ってみようとあらためてレシピを見ると、これが曖昧《あいまい》でよくわからない。調味料や水の量はちゃんと記されているのに、肉の量がわからないのだ。それに、さがすのが大変だったのでカエルばかりが頭にあったのだが、このカエルと牡蠣《かき》とか鶏、鯛《たい》などを一緒に入れるということなのか、それとも別個にカエルのカレー、牡蠣のカレーなどというぐあいにできるという意味なのかもわからない。どちらにもとれるのだ。

汁気の程度と材料の組みあわせで、どんな料理なのかちがってくる。いろいろな素材を一緒に入れてしまって、とろみが強くないものなら、ブイヤベース風、カエルだけ、海老だけで、とろみが強ければソースでからめたような料理かと、そのルーツにかかわる推測ができるが、これではお手上げだ。

写真も撮っておこうと思ったので、結局は見ためがいいように、景気よくいろいろな材料を一緒にして具の多いカレーにしてしまった。カレー粉だけは昔のままの調合だと主張しているC&Bのものを使ってみたので、いまの黄土色っぽいものではなく、薄い黄色のそれらしいものにはなったが、これが明治維新の味を再現しているのか、かなりはずれてしまったのかもわからない。が、それはともかく、まずいものではなかった。現在、家で普通に作るインスタントのカレーとどちらを選ぶと聞かれたら、躊躇《ちゅうちょ》なくいまのものを選ぶけれど、このカエルカレーだってへたな学食などのカレーよりはよほどましである。

作りながら、食べながら、やはりこれは西洋料理のソースの感じではないか、という印象を強くした。ポロネギやタマネギをバターで炒め、スープや牛乳、生クリームでのばすパターンのソースに近いんじゃないかと思えた。すくなくとも、インドを思いおこすような雰囲気、要素はまったくない。

仮名垣魯文のカレー

さて、もう一つの仮名垣魯文のカレーである。こちらはカエルならぬ柚子の印象が強い。参照したいくつかの料理関係の本では、早くもこの時点で日本風のアレンジがなされている、とせっかちな論を展開している。

ところが、イギリスやインドで買い集めた料理本を見ていると、レモンを最後に絞って入れる、というのはある。さきの章であげたイギリス最初のカレーでもレモン汁は登場している。これを、タマネギの代用に葱を使ったのと同じように、柚子を代用したというのが、自然ではないだろうか。のちの代の多くの料理書でも、カレーにかぎらずレモンを使うところで「檸檬《レモン》もしくは柚子」という記述を目にしている。「カリード・ヴィル・オル・ファウル」という料理名自体、日本風にアレンジした英語ではなく、本当の英語表記だ。それも大英図書館で資料を漁《あさ》っていたとき、「なるほどこんなふうに呼ぶのか」と思ったものそのままだった。そこでさらに詳しくチェックしてみると、はたして英国そのもののレシピではないか。

この本は横浜居留地にいたイギリス人コック某の「手沢帖《てびかえ》」によって書かれたという。だから、イギリス流そのままのレシピも当然だったのだ。

カエルに柚子というまぎらわしい材料のおかげで内容がわかりにくくなってしまうが、このカレー第一弾は概して、英国流、ヨーロッパ流そのままのものであった。材料がなくてどうしようもないものを、日本にあるもので代用しただけの「日本化」で、ストレートな紹介といっていい。

カレーライスかライスカレーか

「カレーとライスが別々の器にはいって出て来るような、気取ったやつじゃなくってさ、飯の上にドロッと黄色いカレーが乗っかってるやつ、少し経つとカレーの表面に薄くうどん粉の膜が張ってさ、ジャガイモだの、脂身の多い牛や豚の肉の塊がデコボコしてて一コ、二コ大威張りで鎮座ましましているだろ、そんでさ、タマネギの切れっ端がピンとハネ上がってて——、そう、そんなやつよ。ありゃあおめえ、カレーライスなんてもんじゃないぜ、ライスカレーよ、うん！」（倉本聰脚本のテレビドラマ、『ライスカレー』より）

カレーというと、わたしが子供のころ（というのは東京オリンピックの前後だ）はまだ、カレーライスかライスカレーかが議論になった。普通はライスカレーといったが、ちょっと「ハイカラ」派がカレーライスといった。ソースや醤油をかけるようなのはライスカレーで、御飯とは別の容器にカレーを盛ってくるようなのがカレーライスだったり、まあ諸説あり、というか皆好きなことをいいあったものだが、いつのまにかカレーライスに統一されていったようだ。

いまさらながら考えてみると、どちらにしても不思議なものだ。つまり、野球のナイターやサラリーマンみたいに和製英語としか思えないからだ。

イギリスのレストランのメニューや料理の本、インスタント食品などの表記で多かったのが、カリード・×××・ウイズ・ライス CURRIED ××× WITH RICE や×××・カリード・ウイズ・ライス。×××がチキンだったり、ビーフ、シュリンプとなるわけである。カリード・ライスという表記もないではないが、そのままの意味をとると、ライスがカレーされるのだから、いまでいうカレーピラフみたいなもの、もしくはドライカレーの意味になる。

また、イギリス、インドの英語圏共通であったのが、日本と同じチキンカレーのような表記。ただし、この場合もあとにライスとつづくことはない。しいていえば、ウイズ・ライスとつづけても不自然ではないといったところか。

フランス語でいうリ・オ・カリー RIZ AU CURRIE も牛乳入りコーヒーのカフェ・オ・レのオと同じだから、似たような表記といえるだろうか。

つまり、フランスはともかく、英語の世界でカレーライスといえば、相手がちゃんとした想像力を持ちあわせていたら理解してくれそうだが、ライスカレーならちょっとむずかしい、といったところだろうか。

日本人どうしでいいあうときに、ウイズとか受け身とかの面倒ないいかたまで入れる必要はないと、日本式英語ができあがっても不思議はない。英語のサラリード・マンが日本式英語のサラリーマンになってしまったようなものだ。それにしても、わからないのは、なぜ、どこでライスカレーと逆転してしまったか、ということだ。そして、ごていねいにそれがまたどうして逆転したか、ということだ。

明治五年のカレーでは、カエルのほうが「カレー」の製法となっており、仮名垣魯文のほうはまるっきり英語表記を仮名書きしたようなものだ。また、明治七年に新政府がだしたという指南書は「かれいらいすの作り方」となっている。

クラーク博士のらいすかれい

では、もっとも古いライスカレーという表記はとさがすと、これまた諸説あった。

その一つはクラーク博士起源説。あの「少年よ大志を抱け」のクラーク博士である。クラークが札幌農学校に赴任してきたのが明治九年で、そのとき、寮に住む学生の栄養状態がよくないので、米食ばかりにたよるバランスの悪い和食が原因だとしてそれをあらためさせようとした。そこで「生徒は米飯を食するべからず。ただし、らいすかれいはこのかぎりにあらず」という規則を作ったという記録である。

この説はいくつかの本で見たが、古い北大関係者の間ではクラーク＝ライスカレーが常識でもあるらしい。クラーク博士がいた恵迪寮《けいてきりょう》のOBである妻の祖父（生きていると九十歳を越える）も生前、ライスカレーはクラーク博士以来の伝統だといっていた。

もう一つは、明治六年のウィーン万国博への使節団という説。岩倉具視や大久保利通、伊藤博文というそうそうたるメンバーで、万国博をはじめヨーロッパ各国を二年間視察してまわった。その帰路、スエズ運河をこえセイロン（スリランカ）島に立ち寄ったところでの記録に登場する。

「地に稲をうゆれは常に熟す、その米を土缶にて炊き、漿汁《しょうじゅう》をそそき、手にて攪《ま》せ食ふ、西洋『らいすかれい』の料理法の因てはしまる所なり」（久米邦武編『米欧回覧実記』岩波文庫）

セイロンに立ち寄り、カレーとであうのは明治六年のことであるが、『実記』という記録の編纂が終わるのが十一年末である。だから、実際に立ち寄った六年の段階でライスカレーという表現がすでにあったのか、それとも編纂中に一般化したためこう記述したものなのかさだかではない。すでに述べたように、ヨーロッパやインドでライスカレーという表現はしないことから考えると、立ち寄った段階よりも編纂中に「あの料理はライスカレーというらしい」というかたちで入ってきたものではないか、と考えたほうが自然なようである。

「らいす」の出世

どちらにしろ、明治十年ころにはライスカレーという表記があらわれているということである。そして、このいいまわしは猛烈な勢いで普及する。カエルの「カレー」も、仮名垣式英語表記も、政府の「かれいらいす」も全部ふっとばされ、ライスカレーにほとんど統一されてしまう。

なぜライスカレーとなったのかという問いに対する答えはない。カレーがさきにくるよりはライスがさきのほうが語感がいいと思われたのだろうか。明治維新の世の中では日頃食べ慣れた飯でさえ「ライス」などというハイカラなものになって、カレーよりもライスのインパクトが強くなってしまったのかなどと推測はできる。

どれが正解というわけではないが、当時としてはライスカレーというのが新鮮だった、かっこいいと思われたのではないだろうか。そして、そのライスカレーということばが古臭く感じられるようになった時代に、カレーライスという逆転がおこったのだろうか。

肉食と洋食

見てきたように、明治時代初期のカレーは西洋料理の一品目である。当然ながら

「インド料理屋」などというものはなかった。あったのは、西洋料理屋だけである。西洋料理屋の広がりが、カレーをはじめとする「洋食」普及の基礎となっていることは疑いもない。ここまでは書籍に残る記録ばかりだったから、当時の洋食屋事情もちょっとみておきたい。

こちらも文献をたどるしかないのだが、本よりも店のほうがさらに古くさかのぼるようである。

アメリカ合衆国初代総領事ハリスなどによる日米修好通商条約（一八五八年、安政五年）をはじめ、オランダやイギリス、フランス、ロシアなどと結んだ通商条約のために、箱館（函館）、神奈川（横浜）、長崎などを翌年開港した。そこで訪れるようになった外国人のために、西洋料理をだす店が開かれた。もっとも、それがどういう料理で、どういう店であったかはわからない。記録がないようなのだ。ただ、長崎のものはオランダ料理であったし、箱館の店はどうやらロシア料理から出発したらしい。とするとカレーとは縁がないということになる。

やがて明治維新となり外国人の増加、文明開化とともに洋食屋の数も飛躍的に増えていく。なぜ、受け入れられたかというと、肉食の禁忌、タブーの解放が洋食人気をもたらした最大の理由のようである。明治五年には天皇も肉を食べたと当時の宮内省

二等船客用食堂で西洋料理を食べる人びと　『風俗画報　増刊239号 郵船図会』より

が発表している。それなども肉食、そして洋食の普及になにかしらの影響をあたえたのかもしれない。

三河屋のライスカレー十二銭五厘

料理人のほうを見ると、西洋人の使用人であったり、見習いをしていた日本人が雇われていたり、明治五年開業の精養軒などではフランスから呼んでいたりする。まだストレートに西洋料理を真似しようという努力の期間であったように思える。もっとも、

「精養軒の食事はイギリス風、フランス風、日本風の混合で、栄養的でもないし値段も張る」(『クララの明治日

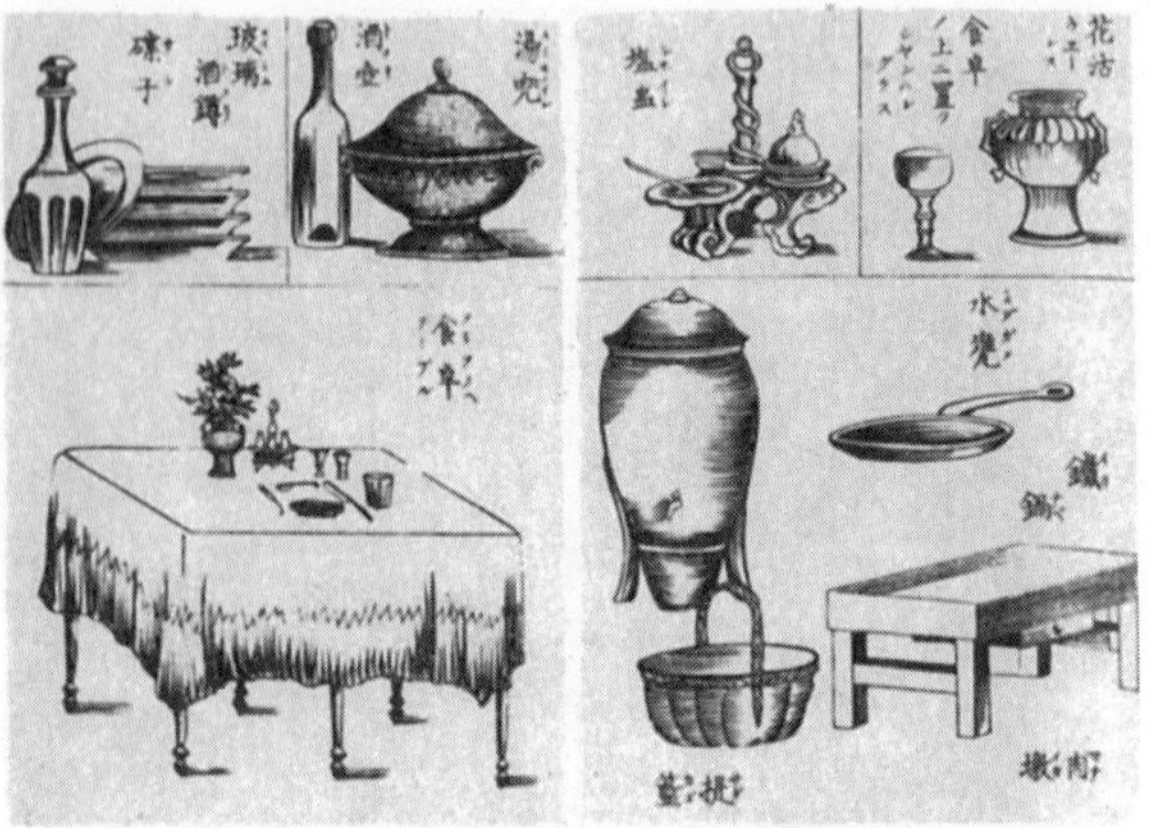

食卓はテーブルではなくメシツクヘとあり、翻訳の苦悩のあとがうかがえる　仮名垣魯文『西洋料理通』より

記』講談社）

　と明治八年ごろのそれでも、西洋人の口には日本風と感じられたようだが。

　この間の洋食事情に詳しい『西洋料理がやってきた』（富田仁、東京書籍）によると、こういった西洋料理屋は、かなり高価であった。明治五年の例で、米価が一升二銭五厘であったとき、西洋料理一人前は二分（五十銭）であったという。

　一品料理もだしはしたが、定食が一般的であったらしい。どうやって食べたらいいのかわからなかったから、簡単な定食がよかったのかもしれない。

明治時代の料理書をずっと見ていると、初期のものでは、作りかただけではなく、食器や調理道具、食べかたまで事細かく説明しているものもある。というより、そこからはじめるしかなかったようなのだ。テーブルが、食卓、メシツクへ、フライパンが（鉄《てつ》）鍋《なべ》、イリナベなどというぐあいである。

もうちょっと時代が下ったところで、夏目漱石の『三四郎』（明治四十一年）など読んでいても、「悦んで肉刀と肉叉を動かしてゐた」などという記述があったりする。肉刀にナイフ、肉叉にフォークとルビがふってある。

いまとなっては冗談としか思えないが、フォークやナイフで食事をしていて、口に突き刺し、血まみれになってしまった、という事故がけっこうあったという。

そんな西洋料理屋で、カレーを名のるものは精養軒のライバルで同じころ開店した三河屋の宣伝にある。明治十年のもので、定食の西洋料理並三十銭、上七十五銭、一品料理でスープが八銭五厘、サラダ五銭、コーヒー二銭、パンバター付き三銭五厘などというのに並んで、ライスカレー十二銭五厘と記されている。

ただし、このカレーがどのような代物かはまったく記述がない。

明治十九年のライスカレー

ライスカレー時代のレシピ、料理本に話を戻したい。

明治十九年の『婦女雑誌』のカレーはこんなぐあいである。

> まず肉をビステキ《(ママ)》のように焼き、細かく刻む。鍋にバタを入れ、よく解かしたところへ、タマネギあるいは和葱を細かく切って入れかき回す。カレーの粉をすこし入れ、お湯を適宜さし、どろりとなったとき、右の肉を加えて、とろとろ火で煮る。

同じ十九年の米国婦人リュシイ・スチーブン口伝という『洋食独案内』では、

> シチュー鍋にバター一匙半を入れて、火にかけ、しばらくしてからショウガ、唐辛子、および細かく刻んでおいた葱を加え、またしばらく炒めてからカレー粉、胡椒、スープおよび肉類を切って入れ、とろとろに煮たものである。

やはり外国人から教わったものらしく、「洋人　パイン・ベリジ口伝」とある『洋食料理法独案内全』も明治十九年である（ちなみにこの本の目次にはオモレッツ、サンドイチ、キャベツマキなどというものと一緒にライスカレイが並んでいるのだが、本文のほうでは「カレヒの煮法」となっている）。

シチュー鍋にバター一匙半を入れ、火にかけ、しばらくしてから細かく刻んだショウガ、トウガラシ、ネギの三品を加え、火がとおってきたところでカレー粉と胡椒、スープ及び鳥肉なり牛肉を少し切って入れ、とろとろと煮る。

明治十九年トリオはどれも似ているが、とくにあとの二つはそっくりだ。この手の作りかたが広まってきていたということだろうか。入れる材料、調味料に少々ちがいはあるものの、基本的にはあのカエルカレーのあとをついでいるように思える。ただし、興味ぶかいことに、三者とも、とろとろと煮るなどという表現はあるものの、具体的な説明がないのである。

常識的には、とろとろとするといえば小麦粉、片栗粉、コーンスターチなどを入れるということだろうが、なぜかそういう記述がないのだ。胡椒やショウガ、唐辛子といったところはちゃんと書いてあるのに、小麦粉（メリケン粉）を溶き入れてなどとなぜ書かなかったのか、不思議だ。もしかしたら、葱をじっくりと炒めること、全体をじっくりと煮こむことでとろみをだすというインド式なのかもしれない。だが、インドに特殊な調理法であるから、日本人にそう書いてわかるという可能性は薄い。やはり、小麦粉などを入れることの意味だと思われる。
ともあれ、さきの三河屋の十二銭五厘のライスカレーも、こうみてくると、肉と香辛料、調味料だけが入ったカエルカレータイプのものであったろうということは想像できる。野菜まで入った現在のようなカレーはまったく登場しない。

タマネギ登場

明治二十一年の洋食庖人《ようしよくほうじん》という人をくったような著者の『実地応用軽便西洋料理法指南』。これにはもちろん、カレー調理法も載っているが、そのまえの序文がおもしろい。

「輓今肉食大に行われ随て西洋料理も日一日と流行し、三府五港は勿論、いかなる山間僻地《へきち》といえども人烟稍稠密《じんえんややちゆうみつ》しいやしくも一市街をなすの地には必ず西洋料理の招牌《しようはい》を見ざるは稀なり。然るにこの流行と共に洋食料理法を記したる書籍の刊行を見る、一にして足らず曰く独案内曰く何と然れども大抵翻訳家の手になり、記す所只想像に止り、あるいは略記し、あるいは高尚に過ぎ、未だ実地に応用し師なく独学ぶべき実際家その人の著書あるを見ず」

というわけだから、俺が書いたのだといいたいのだろう。いかにも明治維新という時代の空気を伝えている。

それと同時に、三府五港、つまり東京、大阪、京都の三府と長崎、神奈川（横浜）などの開かれた港のように、洋食屋があってあたりまえのところばかりではなく、ちょっとした街には店が開かれていること、それにもかかわらず、どうやらかなりいい加減な調理法の本が多いらしいことがわかる。ということは、これまであげてきた料理書もいい加減なのだろうか。

ともあれ、そう豪語する本のライスカレー調理法である。

小さい銅鍋にバターを少し入れ、その中にタマネギを輪切りにしてまた、細かく刻み入れ、かきまわしながら煮て、これにメリケン粉を少し入れ、よく混ぜあわせ、さらにカレー粉（黄色の粉状食料店にあり）をほどよく入れ、塩、胡椒、並びに砂糖で味をつけ、その中にスープとシチューのソースとを少しずつ入れ、薄めながら煮詰め、それをこす。そうしてこした汁に鶏肉、または牛肉を細かく切って入れ、よく煮て、温かい飯を皿に盛ったものにかけて出す。

砂糖を入れるところが少々不気味だが、考えてみると、チャツネや果物を入れる現在の作りかたでも、甘みを加えているので、おかしくはないかもしれない。それ以外ではいまみても自然なもののように思えるが、どうだろう。シチューのソースというのは、グレービーかフォンドボーみたいなものだろうか。

この調理法ではじめてタマネギが登場していることにも注目したい。これ以降も葱を使うものとタマネギ派とが共存する。そして、三十年を過ぎたあたりから、タマネギ(なかったら葱)という表記となり、やがて括弧内が消えていくのである。

鰹節の煮汁で即席カレーを

明治二十六年『婦女雑誌』。風月堂主人による「即席ライスカレイ」の作りかたが載っている。

早くも即席などという発想がすごい。以前、ソース（ウスター）の変遷を調べていたときに、御本家のイギリスから正式に輸入がはじまる十年以上もまえの明治十八年、日本の醤油メーカーがそれらしいものを作って、「ミカドソース」の名でなんとアメリカ向けに輸出までしていて、おどろいたことがある。さすがにそれは評判がよくなかったのか、一年で中止したようだが。とにかくそういうバイタリティーを明治初期の日本には感じるのだが、即席カレーという発想にも似たような驚きを覚えたものだ。なにしろ、本物もよく知らないのに即席などということもないのではないか。ともあれ、その製法である。

煎茶茶碗に一杯のバターと葱三、四本を細かく切り、火にかけ、やや葱が柔かくなったとき、煎茶茶碗八分目程のうどん粉を入れる。絶えず攪《か》きまわしながら鳶《とび》色になるまでいりつけて、煎茶茶碗に半杯のカレイ粉（西洋食糧品店にあり）を入れ、しばらくして鰹節《かつおぶし》の煮汁（これは鰹節半本に御飯茶碗六杯の水にて前に拵《こしら》えおくべし）を少しずつ注ぎ入れながらかき廻し、醤油を適宜に加える。十分間ほど弱火にかけ、味噌漉《こ》しでこす。その汁に湯煮したる車海老或いは鳥肉を入れ、炊きたてのご飯にかけて食す。

即席と銘打ったわりには、調理の手間ではほかと変わらないようにも思える。ただ、鰹節の煮汁、醬油を適宜というところには注目したい。この段階ですでに「お蕎麦屋さんのカレー」的な味が作られているということである。ジャガイモ、ニンジンパターンはまだだが、日本式カレーの一つのスタイルがすでに完成しているということなのである。

カレーの定番

明治三十一年にでた、石井治兵衛の『日本料理法大全』にもカレーの作りかたが登場する。調理法自体は明治十九年の三冊と変わらない。ただ、この本は『日本料理法大全』を標榜する日本料理のオンパレードである。その中にカレーが入ってしまっているのである。和式洋食としての一応の地位をすでに確立したという点で注目に値する。

さて、この時点でも、最初のカエルカレーのパターンのようだ。現在の日本式カレーとはあいかわらず、程遠い代物である。

当然のことながら、少々のちがいはあるが、基本的なところでは同じ路線を歩んでいるように思える。つまり、整理してみると、こんなかたちになる。

①バターで葱（後にはタマネギ）を炒める（ショウガ、ニンニク、唐辛子などの香辛料も）。

②スープを入れて煮こむ。

③カレー粉、小麦粉（プラス、バターの場合、また塩、胡椒などの場合も）を加える。

④牛肉か鶏肉を入れて、煮る。

　ときにはこの基本のパターンから、②と③が逆になってカレー粉、小麦粉を炒めたり、③を漉《こ》したうえで④になったりもするが、大筋としてはこのようなものだろう。つまり、「カレー粉入りのソースで肉を煮こんだもの」である。

フランス風カレー料理

　このパターンから思い浮かぶ西洋料理は、カエルカレーのところで触れたように、カレー粉の故郷イギリスやフランスのソースにからんだ肉料理である。イギリスのそれについてはまえの章で述べたから、ここではフランスの例をあげてみたい。たとえば一八八六年刊のマチルダ・リー・ドッズ著『実用料理書』の中にカレーがある。

バターをソースパンに入れ、スライスしたタマネギを薄い茶色になるまで色づかせる。これにカレー粉と小麦粉を入れてかき回し、全部が完全に混ざったら徐々にスープストックを加える。注意深く、沸騰するまでかき混ぜ、沸騰したらリンゴをすりおろして加える。ソースパンにふたをして、とろ火でゆっくりと十分間煮る。その間に、羊肉を薄く切り、沸騰したソースの中に一枚ずつ落とし、肉に火が通るまで煮て、ソースパンをただちに火から下ろす。(「ヨーロッパ回り〜日本着、カレーの身上書」倉持公一『別冊家庭画報、カレー料理、日本探訪』の訳)

どうだろう。もちろん、このフランスのものはいままでみてきた日本製カレーよりは洗練されてはいるが、基本的には同じパターンといえないだろうか。

とにかく、カレーはこの時代、さまざまな料理書に登場するし、レストランのメニューにもなっている。かなり普及している。だが、まだ日本式カレーの代表格、ジャガイモ、ニンジン、タマネギのカレーではないのである。というより、いまの感覚ではかなりナウい、おしゃれな感じのカレーである。ちょっと高級を売り物にするカレールウで、タマネギと肉だけしか入れないものがあったりするが、あれなど欧風カレーへの先祖返りなのかもしれない。

ゆたかになる材料

明治二十年代までに、カレーの一つのイメージができあがったとすると、それがまた拡散していくのが三十年代である。定番ができあがったから、それに対するさまざまな変化も作られうるというところだろうか。鶏か牛を使い、ソース風のものであるというふうに収束させることが可能だったのが、とくに素材の種類が増えていくのだ。

たとえば、明治三十二年刊の的場鉎之助『家庭全書　和洋料理』の場合、玉子カレー、肉類のカレー、海老カレー、蟹カレー、牡蠣カレーと並んでいる。

明治三十年刊の杉本新蔵著『増補日用西洋料理法』(第三版)でも同様のバリエーションがある。煮料理の部、油煎(フライ)料理の部につづいて「カレー」料理の部があり、鶏児(チッキン)「カレー」、鶏卵「カレー」、魚類「カレー」、蝦「カレー」、牡蠣「カレー」、印度製の「カレー」、兎「カレー」、野菜「カレー」とつづく。

また、そのあとの冷残物料理の部にも「カレー」粉にて煮残の牛肉および鳥肉を調理する法がある。あの明治五年の仮名垣魯文の路線を継ぐものだが、こちらにはちゃんと、なぜ残り物をまた調理するのか説明がある。

「西洋料理品は日本料理品と違い、一度冷残物となれば次食に至りて必ず再びこれを調味せざれば、概ねまた膳に上すべからず」

とはいえ、残ったときに腐らせたりして駄目にするのも不経済だし、そうはいうものの肉が冷えて脂肪が固まったりしたものをどうしよう、というのが冷残物調理の必要なる所以《ゆえん》だというわけだ。

カレーの功罪

調理法としては前述のものと大差ないから省略するが、この本でおもしろかったのが、「カレー」料理の部というところでのカレーについての解説。

「カレーは元来熱帯地方に産する二三の植物の種子に胡椒、または番椒（とうがらし）などを加えて、これを炒って作った粉の名称である。インド人は常にこれを食物に和して用いるという。これを食物に和するのに、適量で調理もよければ、辛味あり、香気ありでずいぶんと旨い食べ物となる。なおかつカレーはいくぶんか食を進め、またその消化を助けるものであるので、洋食を好む者は時々これを食するのはいい。が、この粉は辛味が多い調和物であるから、逆上症（のぼせしょう）または泌結症の人はしばしば用いるのはかえってよろしくない」

と人の健康状態の心配までしてくれるありがたい解説なのである。それはともかく、書いてあること自体はいまの感覚でも常識からさほど外れていないのではないだろうか。

「カレー粉の製法は原書中には載せてあるのだが、その調和物種類多く、かつこれを作るのには手数を要するものであるので、むしろ舶来の製品を市中にて商っているものを買うほうが、廉価であるし、便利でもあるのでここでは掲げない」

という主旨の記述もあとにつづいている。たしか、イギリスの料理書でもカレー粉誕生の時期のもので、こういった記述があった。ただし、あちらはここに書いてあるように、製法を記載したうえで買ったほうがいいといっているのだが。ここではおそらく製法を訳して記そうにも、日本語でスパイス名など確立してもいないし、記載してもスパイスに対してなじみが薄いから、何のことだかわからなかったかもしれない。

メインディッシュになるカレー

同じ本の中で「簡易料理の献立」という一節も興味ぶかい。夕食のセットメニューにカレーが登場するのだ。

洋食のみにて一食を済ませんには麪包（パン）の外、少くも三品若《も》しくは五品を調進すべし。さなくば普通の食量の人の腹に満し難し
初回「スープ」牛鶏又は蝦、蠣「スープ」の中一皿
二回 魚類 油煎魚（フライフィッシ）又は煮魚（ボイフィッシ）の一品
三回 鳥獣肉 牛豚鶏の油煎薄片肉（カツレツ）の中一品又は火腿鶏卵（ハムエッグ）

四回「オムレツ」又は馬鈴薯（ジャガタラいも）料理の中一品
五回　鳥獣肉「ビーフステーキ」又は牛鶏肉「スチウ」の中一品
但しこの際、肉に代るに「サラッド」を以てし、あるいは夏日なれば醃蔵牛肉《コーンビーフ》又は冷肉《コールドミート》（焼牛の残肉を薄く切りたるもの）などを出すも亦可なり。
最後　菓子果物　これは順序を示すために挙げたるも、必ずしも食するに及ばず、適意にすべし

というわけだが、われわれの主役の役まわりはつぎにでてくる。

「カレー」料理を供せんとせば第五回の鳥獣肉に代えて出すべし。

基本的には現在同様、一品料理として食べられたが、コースに入れるとメインディッシュのあつかいになったようなのである。

カレー粉の手に入る時代到来

ちなみに、この本には「飲食品代価表」が載っていて、それによるとカレー粉は四

オンス入りの瓶で三十五銭となっている。東京市京橋区の亀屋商店で調べた価格であるが、素人料理にも使われることの多いものの値段を記載するとある。カレーも家庭料理化しているということだろうか。

もっとも、缶詰牛肉（一斤入り三十八銭）、牛酪《バタ》（上一斤九十銭）などという常識的なものだけでなく、丁字《クローブス》（一オンス八銭）や桂子（同）のようなスパイスから、ケッパソース（一本十八銭）やアンチョビーソース（一瓶三十五銭）、それにオリーブ油（一合五勺入一瓶三十銭）や檸檬皮《レモンヒ》なんていうものまで載っている。

現在、東京であればちょっとしたデパートや専門店に行けば、日本ではあまり知られていないような、特殊なスパイスやハーブ類でも入手できるようになった。東南アジアや中国、インドの料理など趣味で作りながら、そんな状況をみていたので、これは最近の特別な状況であり、変化であったと思っていたのだが、こと洋食の材料に関するかぎり明治三十年代の東京では、いまとさほど変わらないところまでいっていたということなのだろうか。値段と普及のぐあいはともかく、その気になったらたいていの料理が可能だったようで、あらためておどろいてしまう。

村井弦斎のインド風、オランダ風

つづいて明治時代の料理関係の大ベストセラー、村井弦斎《むらいげんさい》著の『食道楽』（明治三十六年～）に登場するカレー。

手軽にしますと、まず牛肉でも鶏肉でも、賽《さい》の目に切って、タマネギとリンゴの刻んだものと、最初はバターでよく炒りつけます。それから深い鍋に移して、スープと牛乳を入れ、南京豆のすったものを加え、三十分ばかり弱い火で煮てから、カレー粉とメリケン粉とバターを加え、また三十分煮て、塩とレモンを少しまぜて、火からおろします（中略）。まず鳥の肉を骨ごと一寸くらいな大きさに切り、フライ鍋へバターを溶かし、今の肉を強火でよく炒りつける。それから肉をあげて、残った汁へまたバターを落とし、ゆで玉子を細かく切ってよくいため、メリケン粉を加えていため、チャツネーという甘漬の果物と、細かく切ったニンニクかタマネギと、ココナツの細かいのとを好い加減に入れ、カレー粉を好みの辛さに入れ、その品々をよくいため、スープをたくさん入れてから、三、四時間強くない火で煮つめる。汁の上へアクが浮くのをとり、出来上がった時にクリームがあれば上等、なければ牛乳を適度に入れて少し煮たら火から下ろす。

明治時代の厨房　村井弦斎『食道楽』 新人物往来社刊　装幀画より

何がどうインドなのかよくわからないのだが、とにかくこれがインド式とかで、

　ライスカレーには、薬味をそろえるのが大変で、ぜひ要るものは、前にあげた甘漬のチャツネーと西洋の酢漬のピックルと、ココナツをいったもの、ボンベタークという、西

洋の魚か、アジの干物などむしったもの、たたみイワシの類、生の若キュウリ、タマネギの刻んだもの、シソや紅ショウガその他、インド風にすると二十四色、オランダ風にしても十八色添える……。

とある。

オランダ風というのは、おそらく蘭印、オランダ領インドネシアの料理を念頭に置いているのだと思われる。このほかにも海老のカレー、牡蠣のカレーなど登場する。カレーの移り変わりということでは少々脱線になってしまうが、この『食道楽』は小説仕立てになっていて、筋を追いながら料理法まで覚えてしまおうという欲がふかい作りになっている。だが、小説としての完成度はというと、一応、筋にはなっているという程度のものである。

ただ西洋料理の味がするだけ

では、まっとうな小説でカレーが登場するものはないかとさがしたら、漱石の『三四郎』にあった。

「『僕はいつか、あの人に淀見軒でライスカレーを御馳走になつた。丸で知らないのに、突然来て、君淀見軒へ行かうつて、とう〳〵引張つて行つて……』学生はハヽヽと笑つた。三四郎は、淀見軒で與次郎からライスカレーを御馳走になつたものは自分ばかりではないんだなと悟つた」

また、ほかのところでは西洋料理を食べるシーンがある。

「それから真砂町で野々宮君に西洋料理の御馳走になつた。野々宮君の話では本郷で一番旨い家ださうだ。けれども三四郎にはたゞ西洋料理の味がする丈であつた。然し食べる事はみんな食べた」

ほのかながら漱石の西洋料理（もしくは日本の西洋料理）に対する少々シニカルな視線を感じてしまうのだが、どうだろう。それにしても、「野蛮な所」熊本から出てきたばかりの学生である三四郎が、やたらとライスカレーだの洋食だのを御馳走してもらっているところからみても、外食としてはこの時期かなり普及していたことが推測できる。

明治式カレーの完成

つづいて、明治四十年の『西洋料理之栞』。非売品で、明治屋が顧客サービス、西洋料理のマーケット拡大のために作ったものらしい。そのためか、緒言からふるっている。こんなぐあいだ。

「時運の進歩につれて家庭の旧風習を改新すべきことは今更喋々を要せず、したがって日常の料理法等のごときもこれに伴わざるべからざるは自然の勢なりとす。ここに本書を発行するにあたりて特に一言すべきものあり。

従来、西洋料理を味い、かつ、その如何なるものなるかを熟知せるものといえども、概して西洋料理は高価にして、今日我が国のごとき生活程度の低き国に於ては常用に供すべからざるものと信ずるがごとし。これ誤解なり。西洋料理は彼らの誤解せるがごとき高額の費用を要するものにあらず。その原料のごときは、日本食のものに比すれば殆《ほとん》ど半額にもおよばざるものあり」

というわけで、この本を読んでから実際に調理し、食べてみて、日本食と比較し、本が嘘ではないことをわかってもらえるように、と結ぶのである。

明治屋発行らしく、「ビーフ、カリード」、「マトン、ライス、カリード」などというほかの本とは一味ちがう「正しい」英語表記になっている。ほかに玉子や魚、ロブスターのカレーまであるが、調理法としてはそれほどほかとちがってはいない。ただ、そのまま現在の料理書としてだしてもおかしくないくらい完成度が高くなっていて、「何だこれは」的奇妙さはまったくなくなっている。明治式カレー、日本のソース風カレーが完成したといってもいい。

シチューに登場するジャガイモとニンジン

さて、しつこくさまざまなカレーをみてきた。それにしても、われわれになじみぶかいジャガイモ、ニンジン入りのカレーは登場しない。ただ、調理書のページをめくっているうちに、同じ材料の組みあわせで、カレー粉だけ使わないものが、ずっとまえからでてくることに気づいた。シチューである。

たとえば、こんなぐあいだ。

まず、牛の上肉二斤（一キロ二百グラム）を鶏卵の大きさに切って、これをシチュー鍋に入れ、それがやや隠れるくらいに水を注ぎ、文火《とろび》で約一時間半煮る。あくをすくいとり、ニンジン一本を五、六分に切り、馬鈴薯（ジャガタラいも）六個の皮をむいて、二つか四つに割り、タマネギ五、六個（日本葱を代用すれば七、八本）を刻み、大匙一杯の塩、茶匙半分の胡椒と共に鍋に入れる。大匙一杯のバターと同量のうどん粉とを混ぜ合わせてから鍋に加え蓋をして、さらに一時間文火で煮る。焦がさないように注意。（明治三十年、杉本新蔵著『増補日用西洋料理法』）

『家庭全書　和洋料理』でもほとんど同じ調理法が紹介されている。また『西洋料理之栞』では、「ビーフ、スチュード」はタマネギと牛肉で、これに人参、蕪《かぶ》、セラリー（セロリ）の類を加えても良いとあり、「マトン、スチュード」は芋とタマネギとマトン肉を使う、というように過渡期的雰囲気も漂わせている。

ところが、明治三十七年刊の築山順子著『最新和洋料理』では、「牛肉スチュー」が牛肉、タマネギにジャガ芋、竹の子、蓮根、茸、花ニンジンを入れ、調味料としては酒、水と胡椒、砂糖、塩、メリケン粉に加え、カレイ粉が入っていた。全部鍋に入れて煮こめばいいという。カレーではなく、シチューの項目に入っていたので、気づかなかったのだが、余計なものもずいぶん入っているものの、かなりわたしたちのジャガイモ、ニンジン入りカレーに近いものではある。このシチューをライスにかけたものが、ライスカレイだという解説もある。ちなみに、この著者は熊本の尚絅校《しょうけいこう》の舎監とある。辛子蓮根の熊本であるから、蓮根入りカレーなどという発想がでてくるのかもしれないが、地方でもこんなものが広まっていたととらえるべきなのだろうか。それとも、地方だけに独立的にシチュー風カレーが生まれていたのだろうか。ほかに、明治三十一年の『日用百科全書』、四十四年の『洋食の調理』にもジャガイモ入りカレーが登場しているので、日本全土に普及しつつあったと考えるほうが自然かもしれない。

「日本式」カレーは大正時代から

ともあれ、竹の子や茸や蓮根など余計なものは入っておらず、しかもニンジンまでそろった本格的「日本式」カレーが登場するのは、わたしがさがしだしたかぎりでは、大正時代に入ってからの本である。

大正四年刊の西野みよし著『家庭実用献立と料理法』に登場するライスカレーがそれだ。

一月廿五日 獻立

朝

味噌汁　里いも　ふ　　味噌同前　里いも十五ヶ　ふ十五ヶ　だし同前

小皿　福神漬　（一月十二日參照）

晝

煮しめ　切り干大根　隱元豆　　切り干大根一合　さゝげ一合　味噌三十匁　砂糖十匁

夕

一、ライスカレー　　米五合　牛肉五十匁　玉葱五ヶ　人參三寸　馬鈴薯二ヶ　バタ少量　メリケン粉十匁　カレー粉　カラシ少量　鹽二勺　胡椒少量　生姜一ヶ

小皿　ほうれん草ひたし　花がつほ　　菠薐草一把　醤油一勺　酒三勺　鰹魚節適宜

ライスカレーを主にした献立例　大正４年刊　西野みよし『家庭実用献立と料理法』より

ライスカレー　御飯は普通より少し硬く炊く。

鍋にバターを入れ、タマネギをみじんに切ったものを入れて、ドロドロになるまで炒める。水を加えてニンジン、馬鈴薯を三分位の賽《さい》の目に切ったもの、牛肉を同様に切ったものの及び塩、胡椒、カレー粉、カラシ粉を入れ、しばらく煮る。ドロドロの加減を見て、薄いようだったら、メリケン粉をヘットで炒めたものを入れる。鍋をおろす時、おろし生姜とシェリー酒を入れ、味をつける。皿に、向う側に御飯を盛りつけ、手前にカレーを盛る。

この本はレシピがモデル献立との組みあわせでてている。一月二十五日の朝が里芋と「ふ」

の味噌汁に福神漬、昼が煮しめで夜がライスカレーにホウレンソウのおひたし、といったぐあいに三百六十五日分のサンプルとして載っているのだ。で、記したように朝食で味噌汁と一緒に福神漬が登場しているのであるが、カレーとは一緒にはなっていないことに注目。偶然かもしれないが、このころはまだカレーと福神漬がコンビというわけではなかったのか。

福神漬と野菜の酢漬

ちなみに福神漬は明治十八年、『酒悦』の野田清右衛門が考案したものである。名前の由来はこれさえあればおかずがいらず、お金がたまって福が舞いこむからだという。そのあたりからもわかるように、カレーのために生まれたわけではない。だが、チャツネの代用というか、カレーにあう甘みの強い漬け物であったことから、一緒に食べられるようになったということらしい（『カレーの身の上』河出書房新社による）。

この大正四年の本には牛肉入りカレーと共に、豚肉を使ったライスカレー別法というのも載っている。調理法としてはほとんど同じで、ただ肉が変わっただけである。そういえば、豚肉のカレーもはじめての登場だ。これについてくるのが、福神漬ならぬ胡瓜とトマトの酢漬。ドレッシングから油を抜いたものを野菜にかけ、ちょっと置いたものだが、とにかく福神漬とカレーの密接な関係はまだ築かれていないようである。

軍隊食から国民食へ

大正時代以降、このジャガイモ、ニンジン入りパターンが定番となる。シェリー酒を入れろなどと面倒なことはいわず、現在われわれが普通に作るインスタントカレーの、ルウのかわりに小麦粉、カレー粉などを入れるといったものになっていく。代表的なものが、軍隊の調理法である。

カレー汁　　熱量三二四カロリー、蛋白質一八・五グラム

材料（一人分）

牛肉（または豚肉、兎肉、羊肉、鳥肉、貝類）七〇グラム

馬鈴薯　一〇〇グラム　　玉葱　八〇グラム

人参　二〇グラム　　カレー粉　一グラム

小麦粉　一〇グラム　　ラード　五グラム

食塩　　少量

準備

イ、牛肉は細切りとなし置く。

ロ、馬鈴薯は二センチ角位に、人参は木口《こぐち》切りとなし、玉葱は縦四つ割りに切り置く。

ハ、ラードを煮立て小麦粉を投じて攪拌し、カレー粉を入れて油粉捏を造り置く。

調理

鍋に牛肉と少量のラードと少量の玉葱を入れて空炒りし、約三五〇ミリリットルの水を加え、まず人参を入れて煮立て、馬鈴薯、玉葱の順序に入れ、食塩にて調味し、最後に油粉捏を煮汁で溶き延ばして流し込み、攪拌す。

備考

イ、温かき御飯を皿に盛りてその上より掛くればライスカレーとなる。

ロ、本調理はまたパンの副食に適す。

（昭和十二年陸軍省検閲済『軍隊調理法』の復刻版、『元祖男の料理』講談社より）

これは陸軍の炊事担当のためのテキストだが、海軍にも同様のものがある。カレー調理法も似たようなものである。

『軍隊調理法』を復刻した小林完太郎慶大教授は、序文でつぎのように述べる。

「いわゆる軍隊料理の全貌が示されているわけであるが、軍隊だからといって特殊な料理があったわけではなく、その大半はこの書に見られるように、わが国の風土からおのずと生じ、われわれ日本人が長年馴染んできた料理にほかならぬのである。それはこの国土に生まれ、育った兵士たちの嗜好に合致する平均的料理であった、といってもよい」

こうして国民食的料理としてのカレーが、前述のようなジャガイモ、ニンジン入りのものとなったようだ。ここまでくれば、もうわれわれが現在食べているインスタントルウのカレーの直接的な延長線上である。

5――日本人はなぜカレーが好きなのか

鰹節だけが日本製

「伝統的な日本料理といってもね、ほんとうに日本のオリジナルのものは多分鰹節《かつおぶし》くらいでしょう。ほかは味噌、醬油だろうが、テンプラ、寿司だろうが基本的には外国から入ってきたものですよ。それをアレンジして日本風にしたわけだけど。つまり、時代がちがうだけで、外国から入ってきて日本のものになったということではカレーも醬油やテンプラも同じですよ」

「日本料理」とはもっとも遠そうな、カレーという料理がみじかい時間に日本の食卓に根付いていく過程を追いかけてきた。その間、頭の片隅にひっかかっていた疑問がある。

ここまでみてきたところでは、明治維新を契機にカレーをはじめとする「西洋料理」が受け入れられたようである。それでは「これが日本料理」というものがあって、それに対するものとして「西洋料理」という存在があったのだろうか。それとも「日本料理」というものは実は流動的なもので、外から入ってくるものを受容することにより、広がっていった体系なのだろうか。そのどちらであるかで、カレーを受け入れるということの意味がまったくちがってくるはずである。

また、カレーはすでに日本料理なのだろうか、という素朴な疑問ももっていた。そんなことが気になっていたとき、ある食文化のフォーラムに呼んでもらった。歴史学者や食物学の教授のあつまりで、外来の食文化がテーマというものだった。ちょうどいい機会だから、何が日本的なものなのか、とそのへんの権威、専門家に聞いてまわった。それに対する答えが冒頭の「鰹節だけが日本製」という話だった。

テンプラも寿司も外来食

早い話が、日本料理の代表のようにいわれるテンプラ、寿司である。

テンプラは安土桃山時代にポルトガルから入ってきた料理である。テンプラということば自体、調理を意味するポルトガル語、tempero がなまったものだ、などの説がある。もともと、日本料理には揚げ物はなかった。

寿司もルーツをたどると、中国の雲南《うんなん》省からビルマ、タイあたりにかけての山岳部で、魚を御飯と一緒に漬けこんだ馴《な》れ寿司（いまの日本でいうなら琵琶湖のあたりの鮒寿司の類か塩辛みたいなもの）にまで行きつくらしい。独立的にいろいろなところで生まれたという説もあるが、どちらにしろアジアの共通項としての魚の発酵食品であり、そこから江戸前寿司が誕生したということはまちがいない。

御飯と魚を塩で漬け込んで発酵させる食品を、酢飯と酢漬にした魚で手っ取り早く食べてしまおうという日本的アレンジがなされ（だから本来の江戸前はコハダみたいに酢でしめたものだ。そうでなければアナゴのように火を通したもので、生はない。刺身とは別なのだ）、それがさらに生の魚をネタに使うようになるというステップを踏んでいる。

「日本料理」、「和食」という看板をだしている食べ物でも少々追究していくと、こんなぐあいだ。味噌、醬油のような基本的な調味料も、やはり中国から入ってきて、日本式に変化していったものだ。

こんな話をするのも、別に日本文化を否定しようというのではない。外国からさまざまなものを受容しながら、日本独自の発展を遂げていることは評価に値することである。フランス料理がイタリア料理の影響を受けているからといって、その価値が下がるというものでないのと同じことである。

テンプラや寿司は日本料理で、カレーやコロッケはちがうという発想にみなおちいりがちだ。しかし、それはちがうということである。偏狭な国粋主義では何もみえてこない。テンプラもカレーも同じ次元で考えなくてはならない。ここまでみてきたカレーの物語が、ほかの食べ物にも同じように存在したのではないかということである。そういった意味では、カレーが日本で受け入れられたことは、それほど大変な変化ではなかったということではないだろうか。

日本料理のシステム

それではなぜ、味噌汁、テンプラは日本料理でカレーはちがうというような感覚があるのだろうか。

石毛直道民族学博物館名誉教授は日本料理の特殊性の一つとして、プロによる高級料理と家庭料理とのちがいが極端になったことをあげている。

「肉食の復活と、洋食という新しいシステムの出現に対して、プロの日本料理人たちはそれを取り入れて伝統的な日本料理のシステムを再編成することをしなかった。幕末の時期におけるシステムをそのまま固定化し、みずからを化石化することによって、伝統的なシステムをまもる方向にむかったのである。以後、カレーライスやコロッケなどを取りこんでいく家庭の食事のシステムと伝統的素材と技術にこだわる日本料理専門店との差が著しくなっていく。専門家による高級料理であるオート・キュイジーヌと家庭料理の違いは、料理文化を洗練させた諸国にみられることであるが、その差がわが国ほど著しいことはない。和、洋、中華、朝鮮焼き肉やキムチなどがならぶ現在の家庭の食卓と、料亭の日本料理は一見したところではほとんど異なるシステムにうつるであろう」(「外来の食事文化」食の文化フォーラム『外来の食の文化』ドメス出版)

わたしたちが「これが日本料理」と想い描くモデルは、やはり家庭のものより料亭などのプロが作るものから発しているだろう。そのプロたちは、明治維新以後に入ってきたものを受け入れないで日本料理というシステム、約束事を作ってしまっていたということだろう。だから、日本料理とは幕末までの日本で形成された料理体系で、明治維新以後に入ってきたものは入れてもらえない、という意識がある。受け入れながらも、日本料理の範疇《はんちゅう》に入らない「よそもの」と意識しつづけるという構図である。

考えようによっては、それだけ明治維新以降の変化が大きかったということである。あるいは、わたしたちの頭の中で、この時代がまだ整理されていないということもいえる。どちらにしろ、そういう存在であったカレーとラーメンが国民食となったことが、日本料理をめぐる状況を象徴しているように思える。

肉食の解禁

カレーが受け入れられる第一歩が、肉食の解禁、普及であった。これが前提条件であろう。

明治以前の日本では、仏教によって肉食がタブーであった。もっとも、兎を一羽、二羽と数える習慣が示すように、獣ではない、食べてもいい鳥だとごまかすことで食べることを正当化する例もある。猪《いのしし》などを山くじらと称するのと同じ類である。肉食はタブーということは、それだけ食べていたということである。

桜田門外の変の井伊直弼《いいなおすけ》の近江《おうみ》井伊家は大津牛を屠《ほふ》り、味噌漬にして将軍家や御三家に献上していたという。徳川斉昭《なりあき》はとくにこれが好物だったという話もある。

「われわれは決してある歴史家の想像したように、宍《しし》を忘れてしまった人民ではなかった。牛だけははなはだ意外であったかもしらぬが、山の獣は引き続いて冬ごとに食っていたのである。家猪《ぶた》も土地によっては食用のために飼っていた。都市にはこの香気を穢《けが》れと感ずる風が、しだいに普及していたのも事実であるが、一方にはいわゆる薬喰《くすりぐい》の趣味は、追い追いに新たな信徒を加えていたので、ただ多数の者は一生の間、これを食わずとも生きられる方法を知っていたというに過ぎぬ。だから初めて新時代に教えられたのは、多く食うべしという一事であったとも言える。これは至って容易なる教育で、もちろんたちまちにして人はこの味を学ぶことの遅かったのを悔んだのであるが、最初はただ無邪気なる模倣であった」(柳田国男『明治大正史　世相篇』)

仏教の影響でまったく食べていなかったみたいな話を否定したいためか、まるでだれでも一生懸命肉ばっかり食べていたようだが、とにかく肉食に関しては地域や立場による格差が大きかったようである。

肉を食べるのが普通だったから「解禁」という意識のところもあっただろう。しかし、都市部の町民など大多数の人々にとっては肉食をはじめるということでもあった。

明治の文明開化では、遅れてしまった西洋に追いつこう、見習おうという発想があ

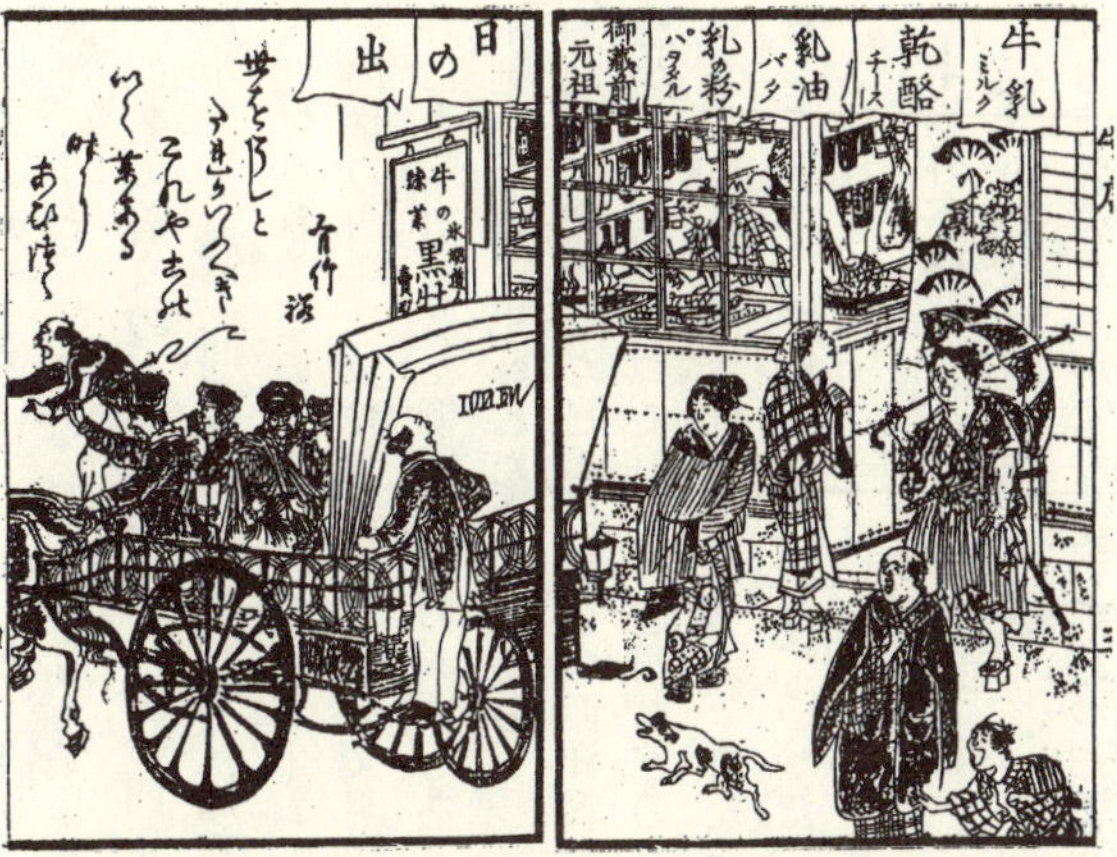

「牛鍋食わねば開化不進奴」といわれた牛鍋屋の店頭　仮名垣魯文『安愚楽鍋』より河鍋暁斎の挿画　国立国会図書館所蔵

る。食では肉食がもっとも目立つ部分なのである。洋食よりさきに、肉食が広まったといっていい。西洋料理という体系の受容より肉食という現象のほうが簡単に受け入れられるということだろうか。

牛鍋食わねば開化不進奴

文明開化の世の中で肉食といえば、まずは牛鍋であった。ステーキほどの分厚さに切ったものと葱を、味噌味で炒め煮したようなものから徐々に現在のすき焼きに変化していったようだ。名前もいつのまにか「すき焼き」が一般化している（江戸時代からすき焼きという調理法はあった。魚などをすりへって使いものにならなくなった鋤の上で焼いたものだ。不思議なのはそんなオリジナルが消えてしまって、肉を焼くものだけが残ったことだ）。

仮名垣魯文の『安愚楽鍋《あぐらなべ》』（明治四年）はそんな牛鍋（の流行）を素材にした小説だが、「士農工商老若男女、賢愚貧福おしなべて、牛鍋食わねば開化不進奴《ひらけぬやつ》」などと馬鹿にされるとあるくらいの大ブームとなっているように書いている。

肉食の西洋に倣《なら》おうというのが文明開化で肉食が普及した原因だというが、これ以外にも、引用した柳田国男の本にもあるように、牛肉もしくは肉食＝精力増進剤、強精剤みたいに思われたふしもある。

前章で登場した日本で最初の西洋料理の本が出版される明治五年よりもまえから牛鍋がブームとなっている。通商などのためにおとずれる西洋人も増えてきたため、彼らのために屠畜される牛も増え、またそのために肉が日本人のほうにも流れるようになってきて、牛鍋屋も開かれていった。

牛鍋外食説

仮名垣魯文は老若男女と書いているが、ほかの史料によると、どうも書生に代表される若い男たちが主な客層であったようだ。とくに東京は新政府のため、学校などのために若い男たちが集まり、そのために牛鍋屋も繁盛し、さらに店の数が増えていった。

肉を食べるというと、一般的だったのはやはり外食だった。家でやるとなると仏壇の前に護符《ごふ》を貼って、肉を料理しなくてはならなかったという話がでてくるくらいだ。実際に料理されていたとみるべきか、家では作られていなかったとみるべきか。資料から漏れてくる感じでは、どうも後者のように思える。

なぜ、それが鋤の上で焼くという、料理としては変なものになるのかはよくわからないが、やはり家の中の調理道具を使ってしまったら、汚れてしまう、二度と使えなくなる、という感覚があったのではないかと想像できる。その意味でも外食説をとるのだが、ただし、普及していくにつれ、肉食へのタブーの意識は急速に薄れていくようだ。

ともあれ、この牛鍋を通して肉食習慣が広まり、西洋料理受け入れへの足場を作ったようだ。西洋料理＝肉という理解ではあったが、そこにストレートに行くのではなく、ワンステップおいて、日本の伝統的パターンの調理法に肉という素材をあてはめ、それに慣れたうえで調理法まで受け入れるということなのだろうか。

西洋料理入門の役割

さて、カレーである。牛鍋につづく、肉食の第二のステップになったのがカレーといえる。牛鍋で肉食自体に慣れた日本人にはカレーがかっこうの「西洋料理入門」となったというのである。

慣れ親しんでいる米の御飯と一緒であるし、肉も牛鍋同様小さく切ってあるため抵抗がすくない。いくら文明開化だといっても、ステーキやローストビーフのような肉のかたまりや、血がしたたるようなものは手がつけられないだろう。

牛鍋の場合は慣れ親しんでいる味である味噌、醬油と肉が結びついたことが受け入れやすくした。カレーについては独特の香、匂いのために肉の臭みがとんでしまうから受け入れやすかった、だから広まったのだというのである。

ただし、カレーと牛鍋では普及の程度、時期がまったくことなるようである。牛鍋屋のほうは、明治八年の段階で、東京にすでに百軒を超える店があったらしい。対して、西洋料理のほうは、同時期に精養軒に三河屋、日新亭、海陽亭などと名前をあげていける程度である。十軒は超えない。それも外国人や上流階級のために山の手にだけあった。浅草のような下町にまで広まるのは明治も三十年以降のことである。

ついでに、料理の値段の比較をしておくと、牛鍋が明治七年の記録で、並三銭五厘、上五銭。同じ店で酒が二合で二銭五厘、御飯が二銭というところだ。洋食のほうは、明治五年のセットメニューで五十銭、十年でも並三十銭から上の七十五銭、サラダ五銭のライスカレー十二銭五厘といったところだ。金銭感覚がわからないとどうしようもないから、参考になりそうなものの値段もあげておくと、明治七年で上等（特級）酒一升で小売価格が四銭、並つまり二級で二銭二厘、明治十年のもりそばやかけそばが一杯で八厘程度、明治五年の白米十キロが三十六銭、十年で五十一銭である。

大雑把にいって、牛鍋が現在の値段の感覚でいうとファミリーレストランの定食程度、つまり千円前後で、洋食が一万円といったところだろうか。

まえの章でみたように料理書に作りかたは載っている。しかし、外で実際に食べてみるという経験をへないで、作ってみようという物好きはあまりいないのではないかと思われる。ということで、牛鍋の普及とカレーの普及を同列では論じられないのではないか。牛鍋が庶民的なレベルまで広まったものであるのに対して、カレーは当時まだまだごく一部の上流階級だけの間にとどまった「洋食」であったのである。ただし、西洋料理入門という役は、たしかにはたしている。

食を「受け入れる」ステップ

ある文化圏がほかから料理を受容するときのパターンをみていくと、つぎのようなステップをふむのではないかと思えてくる。

① レストラン、食堂などでメニューに登場する。

② 雑誌、書籍(あるいは現在ならテレビなど)のメディアで作りかた、あるいは「こんな料理が今ブーム」とか紹介される。

③ 一般家庭の食事にも登場するようになる。

①と②では並行することもあるだろうし、どちらかがさきの場合もありうるが、とにかくそういった外食的状況と、家庭の食事に登場するというところとは大きな落差があるということである。

もちろん、寿司に代表されるように広く食べられているにもかかわらず、家庭で作るものではなく外で食べるもの、もしくは買ってくるものであるという考えかたが一般的である料理もある。ただ、これも手巻寿司という形での家庭への広まりの途中であるとみられないこともない。

昨今の日本でいうと、エスニック料理が流行っているとか、流行ったとかいわれたが、雑誌で紹介されたり、そういったレストランが繁盛したりということはあっても、家庭でタイのスープ、トムヤムクンとかインドネシアの焼き鳥、サテを作るというところまでは一般的にはいっていない。素材が知られたり、簡単に手に入れられるようにもなっていない。そんなものと、外食はもちろん、家庭でも普通に食べるようになったスパゲッティやハンバーグとは「受け入れられている」といっても意味がちがうだろう。

そういった意味でいうと、明治時代のカレーは①や②の段階でしかなく、家庭まで入り込んではいなかった。家庭で作っていたとしても、現在の日本でエスニックを作るというような、きわめて特殊な意味あいであったように思えるのである。

牛肉から豚肉へ

調理法を書き写しながら気づいたのが、豚肉を使ったカレーが登場しないことだった。そこで、意図してさがしてみたのだが、明治の間ではみつからなかった。

最初のカエルのようなとっぴなものはともかく、それ以外では牛肉もしくは鶏肉というのがスタンダードである。三十年代から、これを基本とおさえたうえでさまざまな素材が登場するのはみてきたとおりである。全体の流れとはあまりにもかけ離れているので、引用しなかったのだが、雲丹《うに》海苔《のり》かけライスカレーというとんでもないものまである。それでも、豚肉入りはないのである。そして、もちろんジャガイモ、ニンジン入りのカレーもない。

豚肉入りのカレーが登場するのは、大正時代のことのようである。それも、ジャガイモ、ニンジン入りのカレーの広まりと一致している。また、豚肉だけに関していうと、ちょうど同じ時期、コロッケとトンカツという豚肉を使った料理の普及が見られる。俗に明治の三大洋食というのだが、そういった形の料理としてでそろったのが明治時代ということで、本格的に普及したのは大正に入ってからのようである。

では、明治時代の「ソース型カレー」がなぜ大正に入るころ、ジャガイモ、ニンジンそれにタマネギと豚肉という「シチュー型カレー」に変化していったのか。

まずは豚肉である。牛鍋をはじめとする肉食の普及で、牛の畜頭数は急増した。しかし、元来が畜産国ではない日本では増産にも限度がある。輸入は考えられない時代である。結局、牛だけでは家庭にまで広まる素地がなかった。しかも、牛肉食増進の理由である西洋人、もしくは西洋的精力=牛肉という基本的なとらえかたがあったので、当初は需要が牛肉にかぎられていた。

ところで、「牛のほうが上」という考えかたは根強かったにしろ、養豚は牛ほど場所をとるわけでもないし、比較的容易である。コスト的にも安くあがった。けっきょく、トンカツ、コロッケに代表される豚を使った美味な料理ができあがっていく過程で、牛信仰もうすれ、豚の消費も伸びる。カレーも豚肉を使ったものになる。肉食とは牛を外で食べることであった時代から、豚肉を取りこむことにより肉食が家庭にまで広まった。それが大正時代のことである。

「シチュー型カレー」

ジャガイモ、ニンジンが入ってくるのは、最初の発想としては、やはりシチューとの合体であると思われる。

ソース式のカレーでは、どうしても肉がある程度大量でなくてはかたちにならない。主役は肉なのである。それが、家庭にまで広まる段階で、肉は脇役でもいい、経済的な汁かけ飯の発想へ転換されたように思えるのだ。そして、その方法論としてのシチュー、もしくはジャガイモ、ニンジンという当時としては新鮮な、ナウい野菜だった。

さきに引用した石毛論文は、植民地となったことがない日本人は、特定の国家や民族に限定されたモデルをもたない欧米像を作り上げたとも指摘している。植民地であった国は影響をストレートに受けているし、明確な西洋イメージのモデルも持っている。日本国内でなら戦前のホテルや高級レストラン、現在のフランス料理店などはフランス料理という明確なモデルを持っている。対して、「洋食」の場合は日本人が漠然とイメージした西洋一般であり、日本で再編成された外来風の食事システムとなるという。

イギリス料理とかフランス料理とかを明確に真似するのではなく、自分たちが抱いている大雑把でゆるやかなイメージをかたちにしていくことにより日本的洋食をかたちにしていった。だから本来的な西洋料理の発想からはかなり自由に、オリジナルの日本風洋食が形成されていったのではないかとも思える。「シチュー型カレー」はそういった豚肉の普及、漠然とした西洋イメージの自由な発想などの要素からできあがったと考えられる。

大正時代、わたくしカレー体験

ところで、明治のソース型カレーはレストラン食としての普及であり、家庭にまではそれほど入っていないことはすでにみたとおりだ。では、わたしの原体験的カレー、シチュー型カレーが広まっていく過程はどのようなものだったのか。

カエルカレーにはじまる時代は、すでに歴史となってしまっている。資料から読みとるしかない。が、大正のあたりまでくると、生き証人たちが健在だ。歴史などといわず、体験談の世界といっていい。今度は、そんな世代の経験からどのようなカレーで、いつから受け入れていったのか、聞いてみた（年齢は取材時、一九八八年ごろ）。

「大正十二年から十五年にかけて、駒場にあった東大農学部に通っていました。小石川の親戚に世話になっていて、弁当持参が主でしたが、持っていかないときは、古い寮の台所に小石川から来て（寮の食堂を使って）出店していた宝亭という西洋料理屋のライスカレーを食べたことがあります。二十銭くらいだった。すこし底のふかいさらに白飯を盛り、四角く切った豚肉を入れ（ジャガイモなども入れ）、どろっとしたカレー汁をかけたもので、福神漬がそえてありました。あのころにはけっこう食べられていたと思います」（八十五歳、男性）

「大正七、八年頃、金沢にいました。小学生でしたが、母の手作りでライスカレーを食べた覚えがあります。角切りの肉とニンジン、タマネギ、ポテトをメリケン粉とカレー粉で煮込みました。日常的な西洋料理という感じでした」（七十八歳、女性）

「はじめてカレーを食べたのは小学校一、二年、大正の十年ころだったと記憶します。家で母が作ってくれました。最初は口の中がピリピリしたのに、馴れてくると美味しくなったのを覚えています。中学生のころ、昭和の初期ですが、ときどき外で食べる機会ができてきました。そんなときはほとんどカレーを食べていました。一皿十五銭くらいの手軽な洋食で、食堂と名がつくところの品書きには不可欠のメニューになったのは、昭和に入ったころだと思います」（七十五歳、男性）

「母に作ってもらった覚えはありません。シチューとかコロッケはあったけれど。カレーはわたしが女学校で教わってきて、家で作って弟たちにも食べさせたのがはじめだったと思います。大正時代ですよ。まあ、あのころは女の人が外で食べるということはほとんどなかったから、食べたことがあるとしたら、きっと家でですよ」（八十八歳、女性）

家庭でつくられる時代

話を聞いたかぎりでは、明治三十三年、西暦一九〇〇年生まれの八十八歳が最高齢であったから、明治時代のカレー経験を聞くのは、ほとんど不可能だった。が、それにしてもほとんど大正に入ってからはじめて食べた、ということで一致していた。その詳細を聞くと、すべてジャガイモにニンジン、豚肉（もしくは牛肉）のカレーである。福神漬もすでについている。資料のうえではおなじみになってしまった、ソース型カレーは、結局現存する世代では食べたという話はなかった。

大正時代のカレーは、家庭で母親に作ってもらったというのと、食堂で食べていたというのと両方あったが、どちらにしてもかなりの普及ぐあいだ。これまであげた例は主に東京在住者もしくは出身者で、東京での話が中心であるが、これ以外にたとえばわたしの出身地の九州の田舎町でも大正時代からすでに食堂のメニューに登場しているし、家庭で作っている例もあった。

「大正十二、三年ころ朝鮮で巡査をしていて帰った人が、御馳走を食べに連れていってやるといって、水俣に行った。食堂で二人分、そのおじさんが注文して、美味しいから食べてみろ、といった。しかし、黄色い色がいかにも気持ち悪くて、いま腹が一杯だとことわった。すると、それならと二人分食べられてしまった。あとで考えて、ああ、あれがカレーだったんだ、もったいないことをしたなと思った」（本人はすでに死亡。現在七十七歳になる夫人が生前何度も聞かされた話）

「大正十三年、熊本の師範学校に行っていたころ、寄宿舎で夕食に出て、はじめて食べた」といったぐあいだが、地方でも県庁所在地の学校にでて、その寮などにいた場合には比較的早い時期、つまり大正時代でも食べているのだが、ずっと田舎町で育ったような場合だと、戦後になってはじめて食べたという例もすくなくない。

わたしの両親に聞いてみても、二人とも戦後になってはじめてカレーを食べたというのだった。母が昭和九年生まれで、小学校（国民学校）時代はずっと戦争中という時代だったから、事情が特殊だったといえるかもしれない。それより、もうすこし上の世代だと学校で教わったとか、家で作っていたとかいうことが多かった。

国民食二大横綱、ラーメンとカレー

圧倒的に大正から昭和にかけての時代にカレー体験が集中しているのである。東京をはじめとする都市部ではそれほどわからないことはない。西洋料理屋などといわずとも、ちょっとした食堂でも代表的なメニューとなっているし、学校の寮、もしくは女学校の実習で知ったという話も多かった。

大正時代に広まったというのには、さまざまな要因が考えられる。「モガ、モボ（モダンガール、モダンボーイの略だ）」ということばに象徴されるように、鹿鳴館の時代の背伸びした西洋趣味とはちょっとちがった、板についた洋風化もあるだろう。また、こと東京にかぎると、関東大震災の影響もある。

大正十二年の大震災は酷い被害をもたらしたし、古い秩序や価値観を一新させても

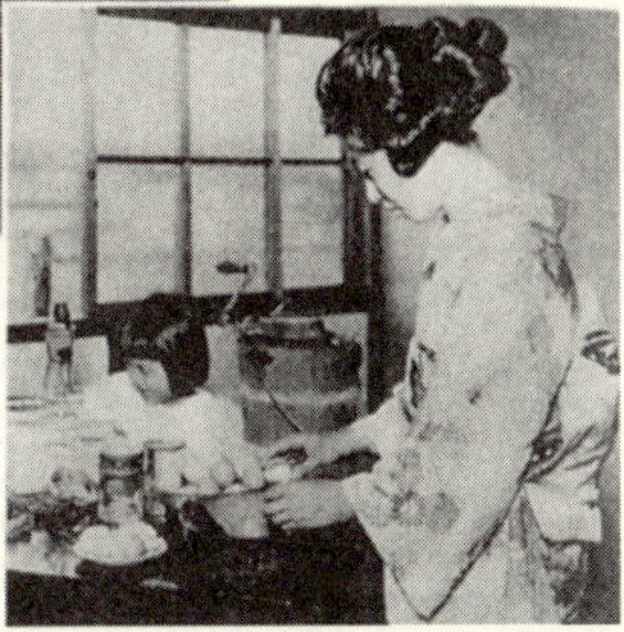

関東大震災は後の日本人の生活を大きく変えた　文化住宅が誕生し(左)、アイスクリームを家でつくる令嬢も雑誌をかざった（右）

いる。たとえば、江戸時代からずっと畳敷きだったそば屋が、いまみたいな椅子のスタイルに変わっていくのも震災以降の建て直しのときからだった。そして、外見が変わるのと一緒にメニューでも新しいものを受け入れている。カツ丼、ライスカレーなどが登場するのもこのころからなのである。

高級な西洋料理屋ではなく庶民的な洋食の店も、がれきを除いて再建していくところで、登場してきたようだ。ついでにいうと、ラーメンが屋台の「支那ソバ」というかたちで広まるのも、震災以降のことである。

ラーメンとカレーというと外国から受け入れて国民食になった二大横綱だが、あの大震災による価値観の転換がそのきっかけになっているのである。

理想的な料理＝カレー

水俣のような田舎町にまで広まっていったのは、中心である東京から徐々に波及していったということがあるが、それと同時に軍隊の影響が強いようである。インタビューした中でも、「軍隊ではじめて食べた」とか、「軍隊から帰ってきたおじさんが作ってくれた」という話がすくなからずあった。いろいろな書籍でも軍隊から広まったカレーという説は登場する。

いつの時点で採用されたのかはわからなかったが、軍隊でカレーが重宝され、頻繁に供されたことはまちがいない。陸軍、海軍ともにその隊内での調理について記した教科書みたいな本には、みたようにカレー調理法がかならず登場している。ある軍隊経験者によれば、週に一回はでたのではないかという。

軍隊にとって、カレーは理想的な料理であったことは想像にかたくない。一皿で飯もおかずもすんでしまうし、肉と野菜とのバランスもいい。作るにも失敗がない。大人数のために大量に作るのにもぐあいがいい。ま、いまだってキャンプや登山となるとやたらとカレーを作ってしまうが、あれと同じことが軍隊でもいえたのだろう。

山本嘉次郎《やまもとかじろう》の『日本三大洋食考』にもこんな記述がある。


「ライスカレーが一般化したのは、軍隊のおかげだという説がある。大体、日本の家庭のそうざいは、わりに手がかかる。たとえ一汁一菜にしろ、みそ汁をつくる。魚を焼く、それにおこうこも、ぬかみそから出して洗って刻む。湯をわかし、茶を焙じて番茶をつくる。

それがライスカレーだと手間を要さない。野菜を刻み、肉とともに一緒クタに煮る。野菜が柔くなったら、メリケン粉とカレー粉とを入れて一丁上りである。

地方の青年が入隊して、軍隊でカレーの味と作り方をおぼえて、それを農村に持ち帰った。農繁期のときなんか、とくに便利である。ちかごろ、農村ではライスカレーが流行っている」

おふくろの味への転化

田舎出身で洋食など食べたことがない人にも、米の飯が一緒であるということで、比較的容易に受け入れられる。入っていける世界であったのだろう。

かくして、軍隊で覚えた味が広まる。豚肉やジャガイモなどの野菜はすでに手軽に入手できるものとなっている。カレー粉さえ手に入れればいい。それだって、すでに手軽に手にはいるものとなっていた。

軍隊のカレーが定番となって、全国的に広まった。定番が決まっているから、その線で応用はむずかしくない。肉が手に入らない戦時中など、油揚げで作ったとか、竹輪《ちくわ》を入れたとかいう話もあった。それほど身近なものとなっていたということである。

軍隊で思いだしたが、おふくろの味というと登場する肉じゃがも軍隊がルーツであるという。材料もそうだが、何かカレーと共通するものがあるような気もする。日本の軍隊の行動自体は合理主義とは遠い非条理そのものだったが、こと料理などに関しては栄養学の発想等早くから取り入れているし、そこから何カロリーにするためには一人何グラムの肉などと決められていたりもする。ジャガイモ、ニンジン入りのカレーにしろ、肉じゃがにしろそんな合理主義的調理にあった料理の代表みたいなものなのだが、なぜかおふくろの味へと転化、あるいは誤解されていくのだ。それがまた普及した原因でもあるのだろうが。

カレー粉国産化パワー

カレーが国民食となっていく、もう一つの物語がカレー粉国産化の努力であった。すでに何度も登場しているイギリス、C&Bのカレー粉が元祖といっていい商品であり、日本でもカレーといえばC&Bであったが、明治三十六年には、大阪の薬種問屋「今村弥《いまむらや》」が国産第一号のカレー粉を発売している。

ついで明治三十九年には東京の一貫堂という店が、肉とカレー粉が混合乾燥されていて熱湯をかければ食べられるという商品を出している。同じころ、やはり東京の岡本商店はお湯で溶いて、中に肉や野菜を入れるとカレーができあがるという代物をだしている（以上『にっぽん洋食物語』小菅桂子、新潮社刊参照）。

と、記録にはあるが、それらがどういったものだったかは、まったくわからない。熱湯をかければ、というのは現在のアルファ食品みたいな発想だし、お湯で溶いてというのはルウの原形のようなものなのだろう。カレー自体がまださほどポピュラーとはいえない時期に、すでにこんな商品を考えだすところがあるのがすごい。

ただ、それがそのまま広まったとか、それで会社が大きくなっていまも残っているなんて話は聞かないから、ヒットした商品ではないのだろう。元祖のC&Bカレーとは比較にならなかったようだ。

カレー粉からインスタントカレーへ

もっとも、カレー粉にしろ、即席カレーにしろ、国産化の流れは途絶えることがなかったようだ。大正から昭和にかけてのころ、現在でも知られるブランドはでそろっている。ヱスビー食品の前身、日賀志屋《ひがしや》は大正十二年設立され、昭和五年に「ヒドリカレー」（粉）を売り出している（ちなみにS＆Bは日鳥、つまりサンとバード印でその頭文字だという。が、やっぱりC＆Bを意識したネーミングではないか、と思われるがどうだろう）。

同じころ、キンケイ食品の「ギンザカレー」、ノーブル商会の「スヰートカレー」、大崎屋商店の「リスカレー」、美津和ソースの「ナイトカレー」なんていうのもある。時代が時代であるから、家内制手工業的なものが多かったようだが、ともかくこの雨後の竹の子みたいに登場したさまざまなブランドの中から生き残った数社が現在の大企業となっていたり、吸収合併されていたりというのは周知のとおりだ。

興味深いのは、戦前はカレー粉と小麦粉で作り、戦後になってインスタントカレーが売り出されたという印象が強いのだが、たとえば浦上商店（のちのハウス食品）は大正十五年（一九二六年）、「ホームカレー」の稲田商店を吸収し、即席カレーの製造をはじめている。商標権の問題があったとかで、昭和三年（一九三八年）、「ハウスカレー」の名に改めているが、ともあれ、カレー粉と同じ時期に即席カレーも登場しているということである。

稲田商店がいつから作り始めたのかというような詳細は分からない。そして、ハウス食品関係の資料によれば、原材料調達がままならなかった等々の理由で立ち消えのような状態で、結局、本格的に売りだすことができたのが戦後ということになるらしい。

ソースからカレー粉へ

それにしてもなぜ自分の手でカレー粉を作ろうと頑張ってしまうのだろうか。エスビー食品の創設者でS&B印のカレーの生みの親、山崎峯次郎の伝記、『カレー人生』（ダイヤモンド社刊、真理想介著）によると、山崎が祖父の栽培していた西洋野菜（パセリとトマト）を市場に売りに行き、思いがけず高値で売れたので、はじめて思いきって西洋料理という看板の出ている店に入る。カツレツを食べ、これだけでは満足できないのでカレーというのを食べてみることにする。

そのときのカレーのうまさ、感動が第一のきっかけとなったという。

そこで、まず洋食に近づくということでソースの製造、販売の店ではたらきはじめる。十七歳のときだった。

「しんじつかれはこの仕事に大いに意気込んでいた。もっともっと西洋料理は食べられる時代がくる。なにしろ西洋料理はうまい。しかしいま食べているのは東京のような大都会の、それも一部の人たちだけだ。だんだん広がっていき、そのうちには埼玉の人たちだって食べられるようになる（注、山崎は埼玉県北葛飾郡出身）。そうすればソースもまたたくさんの量が出るようになるにちがいない。とにかくこれからの商売だ」

という心意気である。やがて、ソースからカレー粉へ転換する。

C&Bに負けないカレー粉を

ソースの得意先の食料品店から、カレー粉の増量材を作らないかといわれ、その研究からカレー粉商売に入っていくのである。

輸入品のC&Bカレー粉をそのまま売っても値段も決まっているものだし、利益もたいしたことにはならない。だから、何かで水増しして儲けを増やそうというのが増量材である。早い話が水増しのいんちきを味が変わらないようにやろうというのである。みかんの皮を乾燥して粉にしたものやら唐辛子やらで水増しするとわからないらしいということで、その研究から出発するのである。

それにしてもカレー粉は何でできているか、知らなくては話にならない。しかし、C&Bカレー粉の缶には「このカレー粉は東洋の神秘的な方法によって製造された」と書いてあるだけだった。

そこで、試行錯誤をくりかえすうちに、どうせなら本物のカレー粉を作ってみようと思い、本格的に研究に入る。興味深いのは、いんちき臭いところから出発していて、最初はそれほど志が高くないことである。ウスターソースは実際に作っていたし、むずかしいものだとは思っていなかったふしがあるが、カレー粉を作るなんて思いもよらない。だから増量材、という発想に入っていくことである。

一つには、「カレー粉はC&B。それ以外では使い物にならない。とくに日本製など問題外」という固定観念が料理人の間に強く、とって代われるとは思ってもいなかったようなのである。それでも、こつこつと何年もかけて試行錯誤を重ね、最終的には「C＆Bに負けないもの」を作ってしまうのである。

国産化へのエネルギー

その可能かどうかもわからない研究に持続するエネルギーは何なのだろう。輸入品は高い、だから安く作れたら売れるし、莫大な儲けがあがるはずだ、というのはあるだろう。が、それにしても、模倣にはじまるエネルギーは何なのだろう。電球やソケットを家族で作る松下幸之助、町工場でオートバイの修理、自転車にエンジンを乗せてみたりする本田宗一郎の姿など思い浮かべ、重ねあわせてみる。それができそうだと思う、時代の空気なのだろうか。

産業革命以後の西洋の産業技術を、アジア諸国は同じように受け入れた。しかし、日本だけがそれを自分の手で作り、再生産することを可能にしてきたことが「なぜなのか」への答えと重なるのかもしれない。

たまたま日本だけが欧米列強の植民地支配から自由でいられた歴史的、地理的幸運。そして江戸時代から寺小屋教育に象徴される教育レベルの高さ、識字率の高さ。そういった要素のために、近代化への階段を登れたのだという。

儒教のもつ現実主義的傾向が、プロティスタンティズムのプラグマティズムと相通じるところがあったのだともいう。が、このへんになると、カレーが好きなだけの小市民の手には余る。

一つ考えられるのが、ドイツ、フランス、イギリスなど（北欧でも、南欧でもまたそれぞれ同じようなことがいえるが）同じような規模、力の国が並立していて、たがいを相対化できたところと、東アジアの状況のちがいというものもあるかもしれないということだ。電気製品はオランダのもの、車はドイツのを、そしてスーツはイギリス、ワインはフランスのものを、という考えかた、暮しが自然にできる関係があった。

東アジアでは長く中国が絶対的な存在であった。朝鮮半島や日本はそこから影響を受けるだけ、いわば一方通行の関係がつづいた。そして、近代化という段階では日本が一歩抜けだし、今度は日本が絶対になってしまった。ほかの諸国は日本が咀嚼《そしやく》した近代化を受け入れるという関係がつづいた。「近代化」の産物はすべて受け入れて、自給できる体制を作らなくてはならないという発想になってしまいがちであるということだ。

受容の摂理

さらにもう一つ考えられるのが、日本の歴史的大転換がこの一世紀ほどの間に重なったということである。明治維新、関東大震災や第二次世界大戦による廃虚からの復興といった根底までゆるがすような変化がつづき、その変化によって新しいものを受け入れてきた。諸外国とくらべ、日本の変化がいちじるしかった。

たとえばイギリスは、大航海時代にアメリカ大陸からジャガイモなどの新しい作物がもたらされたことにより、食生活が変化した。産業革命で生活様式まで一変するという経験も経ている。

日本の場合、たまたま変化が最近百年程度に集中してしまった。受容が一時期に重なってしまったために、カレーも国民食になってしまったのかもしれない。

つまり国、もしくは国民に勢いがあるときには、外に対しても開放的になり、何でも受け入れてしまう。守りの時期にはいると、保守化して新しいものは受け入れられなくなる。これは歴史を見ていくと自然な摂理のように思えるが、その勢いのある時期に生活様式も変わるということなのではないか。カレーもそういう時期に受け入れられたということなのではないだろうか。

たとえば中国人は食べ物についてはもっともうるさい民族で、外国のものなど受け入れないといわれてきた。しかし、NIESと呼ばれる最近の台湾、香港、シンガポールなどをみていると、マクドナルドに列を作ったり、朝はトーストとコーヒーなどという生活になってきている。経済的に日本や欧米を追い上げ、生活様式も似てきたことによるのだと思われるのだが、それと同じことではないだろうか。

カレーは西洋料理としてやってきた

外に対して開放的な時期に受容がおこなわれるという点と関連して、忘れてはならないのが、カレーがインド料理ではなく洋食として入ってきたということだろう。

「たぶん朱子学の影響なのであろう、日本人にとって、外交とは、自国と他国との国力や国益を厳密に比較計算することではなくて、むしろ、日本以外の世界に『理《ことわり》』の所在するところを探し求める知的判断にほかならなかった。江戸時代の末頃まで、日本人は中国に『理』を見たから、したがって中国にたいしては兄事する謙虚な姿勢を保つことができた。（中略）『理』がないと判断した場合、たとえば明治期の朝鮮半島や阿片戦争後の中国大陸などがそうだが、日本は逆に自国のほうにこそ『理』があるという思い込みをして、国権論に転じて威丈高に内政干渉を行ない、はては主権ま

で奪おうとするに至る」(『「南進」の系譜』矢野暢)

この外交というのを文化の受容と代えてみたらよくわかるはずだ。明治期、植民地になってしまっているようなアジアには「理」はない。あるのはヨーロッパのはずだ。ということで、欧米から学び、受容しようとするのである。アジアのものなら見下す意識がさきにたってしまい、受容するということにはいたらないのである。だから、カレーもイギリス経由ではなく純然たるインド料理として日本に紹介されていたら、現在のようなカレー王国ができあがっていたか、いささか疑問である。

大人から子供へ

カレーの最初の普及が軍隊や寮を起源とするものであったことはすでに触れたとおりである。それがカレー普及の第一段階だとするなら、第二段階が戦後の即席カレーの広まりである。

即席カレーのルウの誕生は、ラーメンから即席ラーメンが生まれたような、あるいはインドのスパイスをそのたびごとに混ぜあわせて作るマサーラからカレー粉が作られたような劇的な変化にも勝るとも劣らない大きな変化ではないかと思っていた。

しかし、カレー粉を作った人々がそれほどたいしたことをしていないと思っていたらしいのと同じように、それほど大変な変化をもたらしたとは思っていないようだ。見てきたようにすでに明治時代からそれらしいものが作られていたり、ハウス食品などでも昭和初期に商品化していたものを、原材料の仕入れがふたたび可能になった戦後、あらためてまた作りだし、それが売れたというところだ。

カレー粉と小麦粉を（バターや固形スープなどと）一緒に入れて、商品にしてしまったというだけのことなのかもしれないが、昭和三十八年発売のハウス「バーモントカレー」のあたりから、カレーを家で作るといえば、カレールウを使うのが常識になっていく。ちょうど高度経済成長、そしてテレビというメディアとテレビＣＭが圧倒的な影響力を持ちだすようになる時代である。インスタント化とともに家庭料理の主役となっていく。

ちなみに、この変化は大人の食べ物から子供までふくめた幅広い層のためのものになるプロセスでもあるように思える。リンゴと蜂蜜入りというのがシンボリックであるが、「子供には食べられない辛い料理」という拒絶から、取りこんでいくことにより「国民食」の地位を確保するにいたるようにも思える。さらにいうと、若年層が支持者であるアイドルというスターの激増に象徴されるような「子供ちやほや時代」の到来と、子供向け食品＝カレーと期を同じくしている、もしくは相関関係があるようにも思われる。

そして、お湯でそのまま三分温めればいいレトルト化、そして電子レンジでチンとやれば御飯まで一緒にできてしまうレンジ食品や冷凍食品と、鍋や包丁を使うまでもないほどインスタント化が進行する。味の面でもとくにカレールウは、インド人から「日本のレストランなど負けてしまいそうなほどに完成度が高くなっている。インド人から「日本のカレーはうまい」といわれる所以である。

本格派インド式カレーの定着

一方、カエルカレーにはじまったソース型カレーは、ホテルや高級レストランのカレーとして存続する。ジャガイモ、ニンジンを加えない高級タイプのインスタント食品、とくにルウ、それとホテルなどの缶詰という形で家庭まで広まってきている。こちらは、こちらの型の中で完成度を高めつつある。

さらに、もう一つの流れが東京、新宿の中村屋のカレーにはじまるインド式カレーである。中村屋の創業者、相馬《そうま》愛蔵《あいぞう》はインドから亡命してきた独立運動のメンバー、ラス・ビハリ・ボースを助ける。ボースはやがて相馬の娘と結婚して、昭和二年に中村屋が喫茶部を設けたさいには、彼の協力でインド式カレーがメニューに加えられることになる。これが、「本物のインド式カレー」ということで大好評をはくし、中村屋の名物になっていく。そして、そこからインド式カレーも根付いていき、とくに戦後、数多くのインド料理屋が繁盛するという方向に結実する。さらにこの流れは「エスニック」という東南アジアをはじめとする、それまで知られていなかった味の世界が親しまれ、ブームになっていく下地を作る。

つまり、そうしてカレーの世界が広がっている。

イギリス人はなぜカレーを食べないか

見てきたことは、いわば日本のカレーの流れ、もしくは生き残ってきた条件、歴史みたいなものだった。まだ、なぜ好きなのかという問いの答えにはなっていない。なぜでは、日本にカレーを伝えた「御本家」、イギリスではどうなったのだろう。なぜイギリスではそれほどカレーを食べないのだろう。そこから考えてみたらどうだろうと、思いいたった。

同じように外国からカレーという食べ物を受け入れた日本とイギリス。片や、全国民が週一回以上食べているという国民食となった。片や、家で作って食べるようなことはなくなってしまった。このギャップ、差はどこから来るのだろう。何がちがうのか。それをみていくことは、日本人のカレー好き（もしくはそれにつながる舶来好き）は何なのかを考える糸口になるのでは、と思ったのだ。

では、イギリス人はなぜ、カレーをそれほど食べないか。

「もともとはよく食べていたんですよ。ただ、生活のパターンが変わってしまって、それにカレーはついてこれなかった」

と思うと説明してくれたのが、先の章で登場したC&Bのマネージャー氏である。

「紳士」たちの食生活

イギリス人、それも「紳士階級」の食事のパターンはほとんど週単位で決まっていた。つまり、日曜日に巨大なローストビーフを焼く、というのが核になる。安息日の御馳走だが、これが一日やそこらで食べきれるものではないものだ。で、月曜日は冷えた肉にマスタードなどつけて、コールドビーフ、火曜日はシチューに入れて、水曜日はカレーに入れて、などというパターンになるというのである。そういうところまで想定してまとめて焼くといったほうが正解かもしれない。

調理法で、やたらと煮残り肉などと登場したが、このローストビーフのパターンか

ロンドンのカレー料理店　イギリス人たちは日曜日もひらいていて安いインド人経営のカレー料理屋に出かけていくという（上）　もはやこんな巨大な肉を焼くこともできなくなってしまった（下）

ら派生した残り肉なのだった。

カレーみたいな煮こみのパターンでは、カレー以外にもトマト味のシチューやクリームシチューなどいろいろとある。だから、毎週というわけではないようだが、多ければ週一か二週に三回、そうでなくても月に一、二度は登場するものだったようである。

それが、とくに戦後になって変わってきたという。

巨大なローストビーフはもう焼けない

さまざまな原因があるが、列挙してみよう。

まず、牛肉が高くなり、まとめて巨大なローストビーフを作るなどということがむずかしくなった。または、労働者階級と紳士層の収入の格差が以前ほどではなくなり、紳士層には暮しにくくなった。そのため、残り肉を何日も食べ続けられるような巨大なローストビーフは夢の世界になってしまった。日曜日だけで食べきってしまうような小さい肉かチキンかポーク（これまた巨大な塊料理にはなりえない）などになってしまったりした。

イギリス人にとってカレーは残り肉を処理する料理である。残り肉がでないということはカレーを作ろうとは思わない、ということである。

さらに、カレーは「ちょっと非日常的」という冒険的料理の代表であったが、それが変わってきたということもある。日の沈まないといわれた大英帝国でも、もっとも大きな植民地はインドであった。いわば、植民地代表である。「ちょっとエキゾチックな料理を食べてみたい」というと、それはカレーになった。ところが、戦後は夏のバカンスがさかんになり、幅広い層がスペインやギリシア、北アフリカなど気軽に出かけていくようになった。そのためにさまざまな国の料理が知られるようになった。非日常的料理といっても、かならずしもカレーでなくてもいい、という状況になるわけだ。

また、まえの理由とは矛盾しているようだが、インド人のロンドンなどでの人口が激増したこともある。独立後も、英連邦の一員であり、留学のためなどでイギリスに行くインド人も増えた。比較的簡単に入れて、居つくこともできた。そのためか、インド人の開くレストランが近年とくに増えている。しかも、比較的安価でカレー料理が食べられるのである。わざわざ作らなくても、本場物が食べられるというわけだ。

結局、現在のイギリスではカレーは家で作る料理ではなくなってしまった。「カレーを食べる」ということになると、インド人がやっているレストランに行くということだし、そうでなければレトルトのようなインスタント食品を、間食か一人っきりの昼食などで食べるということである。

変幻自在の顔をもつカレーライス

さて、ひるがえって日本である。まあ、ローストビーフの塊などそれ自体日本人には想像しにくい料理であるが、カレーが経済的な料理というところでは共通していないこともない。また、さまざまな外国との接触で料理のレパートリーが増えた、インド人のレストランの増加もイギリスとは比較にならないとはいえ、日本でもおこったことである。と、似たような状況がすくなくないにもかかわらず、イギリスではカレーはとくに家庭料理としてはそれほどポピュラーではなくなってしまった。そして、日本ではあいかわらずポピュラーである。

思いいたるのは、日本人にとってのカレーはいろいろな顔、側面を持っていたということだろうか。だから、どんな状況になっても飽きられない、それにあう顔を見せられたということではないだろうか。

まずは明治時代、上流階級の洋食趣味、西洋への憧れという感情を満たすことができたしゃれた料理であった。

そして、大正から昭和初期、西洋料理の大衆化にもうまく合致する顔を持っていた。肉がすこしでも、カレー粉と小麦粉でのばせばそれらしくなってしまうという経済性、庶民的な顔である。大家族や軍隊、寮などでも作りやすいという合理性、経済性が受けたのである。

そして戦後。インスタント化という流れにも、多様化という時代の波にもうまく乗れた。元祖インドのものをはじめ、ヨーロッパ風のものなどカレーの種類は非常に多い。バリエーションがいっぱいある。ニーズがどんなに多様化しても受け皿があるほど、幅の広い料理の世界である。さらに、激辛ブーム、エスニックブームなどという流れともうまく合致した料理である。どうころんでも、カレー全体を否定できないような構図になってしまっている。

カレーライスは増殖しつづける

大家族用に、大量に作るという戦前の状況にもぴったりであったが、個食といわれる最近の家族の一人一人が好きなものを食べるような状況、もしくは別々に食べざるをえないような状況でも、レトルトパックや、まとめて作ったものを冷凍しておいて、すぐに電子レンジやお湯に入れて簡単に食べられるという適応力のすごさがある。

日本人の生活様式がどう変わろうと、それに合致するだけの顔の広さ、多様性を日本のカレーは持ちえたということである。

いろいろある西洋料理の中の一つ、では終わらない個性の強さがあった。何でもカレー粉を入れればカレーになってしまうが、カレーに何を入れてもカレーのままである。カレーは増殖することができたのだ。

それも、常に主食である米と一緒であった。イギリス人にとってのライスは非日常であり、日本人にとっては主食である。入っていきやすさにおのずと差がある。米と一緒の料理であるだけに、日常になりえたのではないだろうか。

明治が終わる年、四十五年の山陽新聞は、カレーについてこんなことを書いている。

「……西洋の文明と日本の文明が一箇の皿の上に交ぜ合わされて一種の風味を出して居る点、其処に過渡時代の哀愁が含まれている。余り旨くも無くて、それで腹が膨れる工合は左程感心出来ぬ。ライスカレー文化は今後何時まで続くのであろうか」

という。

しかし、カレーは過渡期の哀愁どころか、明治の後、大正、昭和という二つの時代が終っても、関東大震災、第二次世界大戦などいくつもの過渡期を越えても、衰える気配はない。ますます国民食としての地位を固めそうだ。

そんな状況を象徴するように、日本の伝統文化の担い手であるはずの今上天皇も「お好きな食べ物は」という質問に、カレーライスをあげている。カレーはもはや、「西洋の文明と日本の文明が一箇の皿の上に交ぜ合わされ」たものというより、日本の文明そのものと化してしまったのである。

内向きの国粋主義にとどまらず、積極的に外のものを取り入れて形成される、そんな日本文化の特質を象徴するものにカレーがなっているのではないだろうか。

カレーはすでに日本料理なのである。

補遺―その後の「カレー考」

明治天皇とカレー

明治十七（西暦一八八四）年の暮れも押し迫った十二月二十七日。明治天皇はお昼ご飯にカレーを食べている。デザートがミルフィーユというフランス料理のコースの食事だが、その中に鴨肉のカレーがあった。

場所は延遼館。日本初の西洋風石造建築物にして、鹿鳴館以前の社交の場、迎賓館の役割を果たしていたところである。浜離宮内にあって、多くの国賓を迎えた。ごく最近のニュースでは、東京都が二〇二〇年のオリンピックまでに復元して、ここで国外からの賓客を迎えるという。

「御陪食《ごばいしょく》」というようだが、一緒に食事をしたその相手もわかっている。伊藤宮内卿。つまり、あの伊藤博文である。伊藤が初代総理となるのが、一年後のことである。総理大臣や内閣という制度さえなかった時代、伊藤と明治天皇が、一緒にカレーを食べていたということなのである。カレー好き、歴史好きには、ちょっとした驚きのエピソードではあるまいか。

そういえば、最初に新書として出版した『カレーライスと日本人』を、わたしはこのような言葉で締めくくっていた。

日本の伝統文化の担い手であるはずの今上天皇も「お好きな食べ物は」という質問に、カレーライスをあげている。(中略)

カレーはすでに日本料理なのである。

書いたあとで、その天皇が実際に食べたところを訪ねたり、話を聞いたりしたところ、どうやら余計な気を遣わせたくないという配慮もあって、簡単にカレーでいいからというような趣旨でもあると見受けられた。つまり、「気を遣わないで欲しいという気遣いの象徴」がカレーなのだった。

その気遣いの今上天皇から三代も遡り、百三十年以上前の、明治十年代から天皇家ではカレーを食されていたのだというある種の感慨……。

たびたびテレビドラマにもなっている「天皇の料理番」の名で知られる秋山徳蔵

（一八八八〜一九七四年）。彼は「秋山コレクション」とでも呼ぶべき貴重な史料を残した。午餐会、晩餐会のメニューである。

それも、自分が勤めた時期だけでなく、それよりずっと前からの。残されたもっとも古いものの日付は明治八年五月二十八日。西暦でいえば一八七五年である。

残されたメニューを徳蔵の子息、匡氏が、丁寧にアルバムに貼って、日付とどのような席で陪食者は誰かというようなところまで、調べて記録していた。さらに、匡氏亡き後は匡氏の長女、徳子さんの元で大事に保存されていた。それをご厚意で拝見できたというわけなのだが、その中にカレーをいっぱい発見して、なるほど、実際に食べられていたのだと確認できて、感慨深かったのだ。

この史料の何より興味深いところは、実際に食べられたに違いないということである。例えば料理書に載っていても、単に目新しい料理が紹介されただけなのか、本当に食べられたものなのか、わからない。

身近にある最近の料理書、あるいは雑誌を思い浮かべてもらえばいいと思う。定番で載せられているというものもあれば、シェフや料理研究家の思いつきで、実はまったく一般的ではないものだってあり得るだろう（直接関係するかどうか。アジア中の料理書を買い集めて調べたことがあるが、米の炊き方に触れたものはほとんどなかった。食べられていないということでは、もちろんない。その土地ではあまりにも自明で、書かれたりしないものだってあるのだ。常識だから、説明不要というわけだ）。

しかし、このメニューは間違いない。しかも、誰が食べたのかにいたるまではっきりしている。新しい異文化に最初に触れているに違いない、日本のとびっきりの上流階級。そのようなさまざまな意味で、素晴らしく希少な史料なのである（ちなみに、このコレクション、どこか間違いのないところに寄贈したいという相談を秋山徳子さんから受けたもので、味の素食の文化センターを御紹介した。すでに、所蔵されていて、公開される）。

この史料をもとに『図説　宮中晩餐会』（松平乗昌編、河出書房新社刊、二〇一二年）という本が作られ、わたしはそのメニューの解説ということで参加した。その作業の間に、カレーの記述も発見したというわけなのだが、それ以外にも興味深いことが多々あった。

明治の二十年代にはすでに抹茶のアイスクリーム等という工夫が登場する。今や一般的なあのアイスクリームである。当然、外国にはないものだ。コーヒー味のアイスクリームからの工夫だろうとは思われるが。あるいは、同じ時期から、鮎のように日本人には馴染み深くとも、フランスにはない食材をフレンチ（宮中の午餐、晩餐は基本、フレンチである）に取り入れている。
あちらこちらに、そのままフランス料理をコピーするのではなく、日本のものにしようという工夫が見えるのである。最初のうちは教科書を書き写すように料理していたのかと想像していたのだが、ごく初期からこのようなアレンジ、工夫があった。ああ、このような流れの中で、日本のカレーができていったのかと実感したのだった。

オリジナルの『カレーライスと日本人』、新書版を改めて見返してみると、初刷りが一九八九年の二月である。奇しくも昭和が終わり、平成となった直後、次の月だった。前述のように、その本文中にも今上天皇がカレーが好きといわれたというエピソードを紹介しているが、今上の好みはともかく、私もカレーと縁が切れず、関係することを書き続けている。食文化にどっぷりとつかったままである。そのためもあって、この明治天皇と伊藤博文のカレーのような発見もある。ここでは、元の本の刊行以降に考えたり、見つけたり、あるいは変化したりしたことを列記して、補遺としたい。

スパイスの考古学

ゴリラが普段は食べない葉っぱをつまんでいた。試しに齧ってみると、異常に苦い。何かと調べると、その地域の住人が胃の薬として用いているものだった……。今は京都大学総長となった、サル学の研究者である山極寿一さんから聞いた話である。ゴリラも胃の調子の悪いときなど、薬になる植物を食べているというのだ。

ところで、店で頼んだカレーが不味かったら、漢方系の胃薬をかけるとマシになるという話をご存じだろうか。味気ないカレーでも、薫り高くなる。食べられないものでもなくなる。

それというのも、漢方に使われるものにスパイスも多いからだ。2章でも少し触れているが、カレーの黄色のもと、ターメリックは鬱金。あの健康法云々といわれているウコンである。そして、クローブは丁字《ちょうじ》、シナモンは肉桂《にっけい》というぐあいにスパイスに漢字名があるのは、それが漢方薬として用いられていたからである。胃薬のパッケージを見てもらえば、そのあたりの名前を見つけられるはずだ。

だから、胃薬をカレーにふるというのは、異常な話でも何でもないのだ。まあ、当然ながら、ガラム・マサーラでもかけたほうがもっと美味しくなるとは思うが（このあたり、大学の学食のカレーなどイメージして書いていたのだけど、それさえも最近はだいぶマシになっているように思う。思い立って、いくつかの学食で試してみたら、四十年前の、肉のかけらがはいっていたらラッキーという代物とは別物だった。それにしても、漢方の胃薬なりガラム・マサーラなりふったほうが香り豊かになるのは間違いないが）。

ゴリラの話まで遡らなくても、雑食性のヒトは、その長い歴史の中で、さまざまなものを口にしてきた。そうして、香りや独特の風味のあるものを見いだしたのだろう。それを口にすると、体調が良くなったりしたものを薬としたのだろうし、あるいは、肉などを、ある種の葉っぱや茎、皮、種などと一緒に食べたら美味しくなるといった経験もしたのだろう。そのような経験を経て、ヒトはスパイスやハーブを利用するようになったのだろうと思われる。

そのように経験則から用いるようになったものだろうといわれるが、いつからそれを料理に使うようになったのかはわからないということだ。

インドの場合、手元にある、古代の食について書かれた数少ない資料（"Food & Drinks in Ancient India" by Om Prakash, 1961と"Indian Food:A Historical Companion" by K.T.Achaya, 1994）によれば、アーリヤ系やドラビダ系の人々が住み着く前にいた、アウストロアジア系（現在では少数民族として山岳部等にいる）の人々にスパイスを使った痕跡があるという。ドラビダ系がインドに入るのが、紀元前三五〇〇年のあたりであり、それよりも前にということだ。

そこで登場するスパイスが、ターメリック、ショウガ、マスタードなどである。発掘と調査研究が進むにつれて、考古学的常識は変わるのが常であるから、確かなことはいえないが、インドで農業を始めたのは、このグループではないかといわれている。カボチャやココナツなどを栽培しているらしいという。その時点からカレーのようなものを食していたのか、あるいは、肉を焼いたりするのに、香り付けに使っていた程度なのかはわからない。

現在でも南インドには多数いる、ドラビダ系の人々が定着して、おそらくは三千〜四千年前には、稲作をして、スパイスを石臼か乳鉢ですりつぶし、カレーのような料理を作るようになっていたことはまちがいないように思われる。バラモン級の聖典『リグ・ヴェーダ』が編纂された紀元前一二〇〇年頃には、ターメリック、フェヌグリーク、ショウガやニンニクなどがすでに栽培され、料理にも使われていたようだ。胡椒やカルダモンも南インドでの栽培が確認されているという（『世界の食文化8 インド』石毛直道監修、小磯千尋・小磯学、農山漁村文化協会刊、二〇〇六年も参照）。

東南アジアでも、ホアビン文化と呼ばれる時代の遺跡（一万一千年前から七千五百年前あたり）で、植物の処理に用いていたと思われる石臼のようなものが出てきたり、胡椒が発見されたりしている。インドでドラビダ系の人々が稲作を始めた時期には、東南アジアでも稲作が始まっている。同じように、スパイス等を用いたカレーのような料理が登場していたのではないか。

いつからカレーが食べられていたのか？

カレーの定義も難しいし、想像するしかない部分もあるが、稲作を始め、土器を作るようになった時期には、カレーのご先祖様と呼べるようなものが作られていたのではないかと思う。

つまり、米のように主食として食べられるもの、すなわち大量に食べる穀物などを栽培するようになったこと、そして、煮炊きをすることが可能な土器などの道具を作るようになったことから、主食と、スパイスで香りや辛みをつけた汁、つまり、カレーの元祖のようなものが作られるようになったのではないか、ということだ（油脂で炒めてスパイスの香りを出すという、現在では一般的な調理法は、金属製の調理用具の普及を待たねばならぬから、かなり、あとのことになるかとは思われるが）。

これまでに述べた諸々の事実から総合して考えると、おそらく三千〜四千年前にはカレーの元祖のようなものはできていたのではないかと思われる。その時代、肉や魚などを土器で煮る際、スパイスの類を加えてみたら、より美味しくなった。食べてから体の調子が良かった。しばらく、そのまま置いておいても、腐らなくなった。そのような経験則から、あれこれスパイスの類を加えてみて、カレーと呼べるようなものができあがったのではないか。

土器などの道具の誕生によって、煮込み料理が作られるようになるのは南アジア、東南アジアに限らない。しかし、この地域に特徴的なスパイスによって、独特のカレー(の原形)といえるようなものが育っていったのだろうということだ。

ブータンで考えたこと

この現在のようなカレーができあがっていく過程で、もっとも大きなエポックとなったのは、歴史学者がいう、「コロンブスの交換」ではないかと思う。

コロンブスのアメリカ大陸到着以降、新旧大陸の交換がはじまる。新大陸にはなかった小麦や稲などの穀物、牛や馬、豚などが持ち込まれ、そこでもそれらの文化が花開く。逆に新大陸にしかなかったものが、旧大陸に持ち込まれ、広まる。

このカレーの物語でも、今となってはそれなしの姿は考えられないもろもろが入ってくる。

ジャガイモ。トマト。そして、何よりトウガラシである。これについては本文の中でも触れているが、関連したことで少しだけ。

先だって、はじめてブータンを訪ねた。そのときのちょっとしたメモのような紀行文がある。以下のようなものだ。

トウガラシが野菜だった。

そういうと、万願寺トウガラシのようなものを思い浮かべられるかもしれない。あるいはシシトウとか。

違うのだ。本当に、ふつうに辛いトウガラシが野菜として調理され、食卓にのぼるのだ。ブータンでのことである。

ほとんど国民食といっていいような一品。滞在中、毎日どころか、毎食のように登場したのだもの。生のトウガラシがある時期は生で、冬場などは乾燥したものを戻して作る。

エマ・ダツィという。エマがトウガラシ、ダツィはチーズである。

市場で見ると、トウガラシには様々なサイズ、種類があるが、一番よく食べたのが、ちょうど万願寺トウガラシのようなサイズのものだった。ただし、当たり外れはなく、一様に辛い。鷹の爪などとあまり変わらぬ辛さ。それを縦に適宜切る。辛さを控えたければ種を除けばいいという書き込みを、日本のサイトで見たが、少なくとも、現地ではそのようなものは出会わなかった。種も普通にいれる。そしてひたひたの水とチーズ。

チーズの話は機会があれば、また詳しくしたいけれど、とにかく、通常はこれも農家の自家製である。イタリアのリコッタのようにバター（つまり、脂肪分）をとった残りを固めたものだ。そして、塩を加える程度。

で、コトコトと煮込んで、トウガラシに火が通り、チーズがとろけてトウガラシに絡んだら出来上がり。ジャガイモなど、他の野菜を加えたパターンもあれば、肉と一緒に煮込むものもある。基本が、書いたようなものだということである。

主食はご飯。お皿にご飯を盛り、他の料理（いろいろな野菜、あるいは肉を炒めたり、炒め煮にしたものなど）を一緒に好きなだけ載せ、食べる。スプーンで食べるようにもなってきているようだが、基本は手である。

味？　当然のように辛い。農家の民宿食堂（のようなものがいっぱいあるのだ。この国の一番の観光資産は人々とその暮らしだから）で出会ったヨーロッパ人など、「人が食べるものとは思えないくらい辛い」「信じられない」という声が多かった。東南アジアの辛さに慣れた身には、まあ、こんなものだろう、少し辛いな、でもチーズがコーティングされたような感じになっているのが、妙にご飯とあうな、食が進むなあといったところ。

しかし、ブータン人にはそういう反応は不満らしく、どこそこのトウガラシはもっと辛いから食べられないはず……といったリアクションがある。なぜか、これ、激辛の国ではどこでもよくあることだが。

そうそう。南米原産のトウガラシが好まれているところには、概してそれ以前に何らかの刺激的な食材、調味料が存在していたように思うのだが、ここの市場で見かけたのは山椒だった。山を越えて、中国四川省あたりまでつながる感覚なのだろうか。

刺激でご飯を進める感覚の世界……。

スパイス世界の広がり

さて。

ブータンでは食文化全般について、考えさせられる点が多々あったが、インドを中心としたカレー世界との関連においても、また、ミルクの利用と主食の関係ということでもとりわけ、考えさせられた。

一般的に牧畜文化であったり、乳利用をするところは粉食と縁深い。モンゴルのような遊牧民の土地の近くで農業といえば、小麦が多いということだ。農業がなりたちにくい乾燥地帯の、草しか生えぬようなところで牧畜がなされるということは、必然的に、大量に水を必要とする（降水量が多い）稲の産地よりも、より乾燥している麦などの産地が近いということになる。交易で入手する穀物も麦が多くなるので、その組み合わせの食文化が目立つということだ。

インドのギーやパニールのようなものも、もともとは北部、チャパティやナーンがよく食べられていた粉食地帯で発達している。

ところが、ブータンでは米とチーズの類からなる食だということとなのだ。おそらくは山岳地帯の高度差を利用した牧畜であるために、降りてきた先では米作ということで、その組み合わせが見られるのだと思うのだが、どうも、トウガラシがつないでいるような印象を受ける。トウガラシの存在ゆえに、自然な組み合わせとして食べられる。

そのチーズにコーティングされたようなトウガラシをおかずに、ご飯を食べながら、さて、カレーとは何だろうと改めて考えさせられた。誰もこの料理をカレーの仲間には入れないだろうが、確実につながっている世界である。

そして、このブータンの食文化はチベットを経て、雲南・四川までもつながっているように思われる。市場には大量のトウガラシのみならず、山椒も。中華料理、特に四川料理で麻辣《マーラー》と呼ばれ、痺れる感覚と辛さである。

この山椒のぴりぴりとくる感覚に慣れているから(それ以前から大量に使っていたから)、トウガラシが伝来しても素直に受け入れられた……。

近年、別の調査等々でよく行っているラオスの中国に近い山岳部の少数民族地域であったり、ミャンマーの山岳部であったりでも、そのあたりの広がりのようなものを感じる。四川・雲南あたりの刺激の味わいと、インドを中心としたスパイス世界のグラデーションのような広がり。

また、この元本を書いてから、イラン、トルコ、あるいはエジプト、モロッコあたりまでも足を延ばしているのだけれども、それはそれで色や味が微妙に違うスパイスの世界が広がっている。

先にゴリラの話でも書いたように、スパイス的なものを食したりする嗜好は、人間の食の根源的な部分にまで根ざしているのかもしれないと思われるから、それはそれで当然かもしれない。このあたりのことを整理して考えたいと思っているのだが、まだ、至っていない。今後の宿題のつもり。最近の政治状況で、行きづらい国が多いのが難点でもあるが。

東京のカレー名店

カレーの日本への伝来、日本での普及について、新書刊行以来の発見というべきことは、先に書いた天皇のメニューが一番か。

「少年よ大志を抱け」の札幌農学校のクラーク博士が、本当にカレーを推奨したのか確認に行ったり、さまざまなことを調べた（ちなみに、クラークは無関係のようだった。農学校の寮でカレーが供されたのは、残された資料からも間違いなかったが、博士との関連は見いだせなかった。おそらくは、忙しい身で寮の食事にまでは関与していなかったはずだと北大関係者の弁）。

今や、若手論客として知られるようになった中島岳志北大大学院准教授の出世作ともいえる、『中村屋のボース——インド独立運動と近代日本のアジア主義』（白水社刊、二〇〇五年）に代表されるように、関連した労作も出てきた。これは素晴らしい仕事だと思われる。

わたし自身の経験でもあれこれあるのだけど、中でも改めて「なるほど」と思わされたことが、日比谷、松本楼の話。以下のような話を、とある雑誌に書いた。

日比谷公園は、日本最初の西洋式公園である

たとえば上野や芝のそれのように、もともと寺社の境内を公園化したものではない。最初から公共の場所、西洋式の公園を作ろうと計画されて作られた。だから、西洋音楽普及のための設備、例えば大小の音楽堂のようなものも造営られた。軍楽隊などが西洋の音楽を奏でる場所。そして、バラやチューリップなどの西洋の花、植物が栽培され、花壇も作られた。そして、西洋料理のレストラン。日比谷、松本楼の当主、小坂哲瑯さんにお話をうかがうと、目から鱗が何枚も落ちた。なるほど、目と耳と、そして舌で実感する近代、西洋という場所だったのだ。だからこそ、ここでコーヒーを飲み、カレーを食べるのは特別な意味があった。かつて、人々はここで新しい時代の飲食を実感したのだ。

公園が開園したのが明治三六年だが、同時期に松本楼もオープンしている。銀座で和食の店などを営んでいた小坂梅吉が、文明開化の流れの中で洋食を、と開い

たものだ。そして、今でも現存する、数少ない歴史のあるレストランが松本楼というわけである。

初期の日本のカレーはどのようなものだったか。そんなことを改めて確認したいという想いもあり、今回、訪ねた。しかし、残念ながら、史料というほどのものは残っていないと小坂さんは言う。

「関東大震災で一度焼かれ、さらに沖縄返還協定反対デモで……」

日比谷公園に集結していた過激派の学生の火炎瓶で焼け落ちたことは、私のようにある年齢以上の人間には記憶にあるはずだ。

そんなわけで、史料としては残っていないが、現在八十二歳、二・二六事件の際に兵士に誰何《すいか》されたという生き字引、小坂さんの記憶の中にはその味がある。

「長く勤めた料理人ばかりなので、当初からの味が伝えられているはず」

特に、ビーフカレーという基本のそれは、と言う。改めて味わうと、「正しい洋食、背伸びして受け入れた近代とはこのようなものだったか」と想いが広がる味。これまた、正調のコーヒーと共に。

欧風のカレーが松本楼をはじめとするレストラン、そして、ホテルで広まったのに対して、もう一つの流れが御本家インドのそれである。これは戦前、「新宿中村屋」がインドの独立運動家、ラス・ビハリ・ボースとの関係で、昭和二年に始めたものが嚆矢《こうし》とされる。

そして、本格的インド料理店としては、一九四九年開業の銀座の「ナイルレストラン」と、一九五四年に阿佐ヶ谷にオープンして、その後、九段に移転した「アジャンタ」あたりから始まっている。

私的にはアジャンタが思い出深い。確か、一九七〇年代半ば、初めての海外、インドに向かうために近くにあった大使館にビザの申請に行き、「本場の味を知っておこう」と入ったのが最初だった。以来、何度となくお世話になったが、それに加えて、後述する「たんどーる」の塚本喜重さんのように多くの日本人カレー料理人を生んだところとして、親しみがあるのだ。ライターとして、カレーの魅力を伝える、浅野哲哉と渡辺玲の両氏もその出身という特別な店。

初めてそのインドの味に接したときには、ただただ「インドの本物はこうなのだ」と感嘆したものだった。カレー粉ではなく、スパイス香るカレー。今回、改めてインド南東部のアーンドラ・プラデーシュ州出身のジャヤ・ムールティ氏が始めたものであると知った。

インド料理、あるいはインドのカレーとひとまとめに考えてしまいがちだが、ちょうど京料理と江戸料理、あるいは麻婆豆腐の激辛四川料理や北京ダックの北京料理のように地域によって違いがある。概して北はヨーグルトやギー（バターの上澄み）やクリームを使い、南はココナツの液体（ミルク）やパウダー。そして、スパイスでいえば、南のほうがよりたっぷり。ナンやチャパティは北で、南や海辺は米食である。タンドール窯、つまり、タンドリーチキンやナンを焼く、あのオーブンは北部でしかない。

ところで、アジャンタは一九八五年、九段から麹町、日本テレビの目の前に移った。改めて聞くと、その際にタンドール窯を作ったのだという。ナンが食べたいという声が多くて。他の店でも聞く話だが、インド料理といえば、ナン、あるいはタンドリーというイメージが、日本人の客の多くにある。だから、「タンドール地帯」でないところでも、ついつい……というもののよう。まあ、韓国の全羅北道全州の名物料理だった石焼きビビンバが、人気を得たらどこでも食べられるようになっているのと同じじか。

アジャンタはコーヒーでも特徴的な店である。インドと言えばチャイ、紅茶をイメージするが、アジャンタは開店当初からコーヒーとカレーの店だった。南インドはコーヒー産地だったので、濃いめに抽出したコーヒーに鍋で沸かしたミルクを合わせて飲んでいたのだとか。今でも、チャイでやる曲芸のような器から器のキャッチボールで、人間カプチーノマシンのようにして、供してくれる。それがまた楽しい。

ともあれ。久しぶりにマトンのカレーを食べたのだが、不思議な感慨に囚われたものだった。当然のように、初めて食べた頃の驚きはない。ほどよい辛さにスパイスの風味。すでに慣れた味である。そのことに流れた時を想い、また、今ではネパール人やインド各地のスタッフが働いていると聞き、これもまた時代なのかと思う。本格インドカレーが、すでに懐かしい味になるという時間を東京は重ねている。

懐かしいと言えば、もう一つ。信濃町、慶應病院そばの「メーヤウ」のタイカレー。一九八三年に暮地龍二氏が創業した。今はなき、日比谷の「チェンマイ」、中目黒の「チャンタナ」と並び、日本のタイ料理店の先駆けと言ってもいい。それ以前、世界を放浪していた暮地氏がタイを気に入り、しかし、凝った料理を東京でやるには食材が……ということで、メニューを絞った「タイ風」カレーの店を始めたとか。

改めて、当時と変わらぬままのカレーを食べる。ゆで卵や大きなジャガイモが懐かしい。グリーンの大根とかも。うん、確かにタイ風、だ。少し、ココナツミルクの風味など抑え気味。ご飯もカレーの場合はタイ米ではなく、日本の米。札幌のスープカレーは、これをヒントにして生まれたのではないかと想像させるような味わい。

今や、タイ料理の食材など入手は簡単である。しかし、すでにタイカレーではなく、メーヤウの味が懐かしいという層がある。多くの客はそのようなリピーターだとか。

「カレーは上から。ラーメンは下から」

かつて、そのようなことを書いたことがある。学校や軍隊という「お上」の場で全国共通の味として覚えられたカレーと、勝手に下々の間で広まっていったラーメン。だから、ラーメンには法則性がなく、地域の味がそれぞれにできた、と。

しかし、さすがに百年以上を経て、違うステージに入ったのかもしれない。札幌のスープカレーをはじめ、地域に根ざした味が生まれ、育ちつつあるということだ。加えて、留学生も増えたし、外国人の料理人の在留許可取得が、昔より容易になった。

というわけで、東京のカレー世界はますます百花繚乱という状況になっている。インドのみならず、ネパールやパキスタン、スリランカなどの店までふつうにある。

例えば中目黒のスリランカ料理「セイロン・イン」。お寺がやっている日本語の学校に来たという主人、リヤナゲさんがはじめた店。

南インドに通じる、ココナツの多用などが特徴だが、特にモルジブフィッシュという鰹のチップスを入れるのがユニーク。インドではあまりあり得ないポークのカレーにポルサンボラと呼ぶ、ココナツや唐辛子、モルジブフィッシュなど合わせた、ふりかけのようなものを一緒に食べるのが楽しい。インドとはまた、ひと味違うカレー世界を実感できる。

東南アジア系も、タイやミャンマーという主要民族だけでなく、たとえば、早稲田の「タンヨージン」(THAN YAW ZIN＝「実の里」から名前をかえた)のように、ミャンマーの少数民族、カチン族のお店まである。主人のマリップさんはミャンマーから難民としてやって来て、少数民族を支援するNPOの代表者。一緒に働く料理人である夫はカレン族。

そんな彼らがミャンマーのカレーをアレンジすることにより新しい味わいにしている。油っけが強い御本家そのものよりも、おそらく日本人には好ましい味わい。ひよこ豆の揚げ豆腐や牛モツのサラダなどつまんで一杯やり、〆にそのカレーを食べると、さて、いま私はどこにいるのかという不思議。楽しい。

カレーと言えば神保町。ほとんどカレーの聖地のようになってしまった神保町であるが、ここでは「新世界菜館」を面白く思う。中華風のカレーというものは、香港等々でもないことはないのだけど、カレーと中華スープ、紹興酒などきかせたという味わいがぴったりとはまっている。東坡肉《トンポーロー》や排骨《パイコー》のトッピングも、ああ中華だという味わい。それでいて、ちゃんとカレーとして納まっている。買い込んだ本を片手に、このカレーにするか、それとも、「さぼうる」あたりでコーヒーでもゆっくり？

アジャンタの話で述べたように、かつてのこの店出身の日本人の料理人がいっぱいいる。それぞれにユニークな仕事をしているが、私が通うのは、沼袋の「たんどーる」（注、二〇一五年閉店）。タマリンドの酸味を梅干しに翻案したりの工夫が楽しく、また、インド料理ではなかなか難しい、酒を楽しむということに親和性を持たせた味わいが好ましい。そして、この塚本さんの料理を食べていると、カレーのさらなる広がりを予感させられ、それが楽しいのだ。

カレーの世界は東京でもっと広がる。（「東京人」二〇一四年四月号）

本格派カレーのブーム

まったく、隔世の感っていうのだろう。思えば、カレーだけではない。そもそもが、わたしを食文化の世界に引っ張り込んだ東南アジアの食もいまや、身近である。タイ料理屋など、ほとんどなかったのだ、東南アジアの食について書き出した一九八〇年代には。大使館御用達みたいな店が一軒か、二軒というところ。インド料理の店も同じ。先の文章に書いている、アジャンタなどいくつか、あるいは中村屋のカレーくらいしか、インドを思わせる料理は食べられなかった。それがいまや、私鉄沿線の我が家のあたりでもインド人の店もタイ人の店も珍しくない。

まあ、教えている大学のネパール人の学生に聞いたところでは、けっこう、インド人ではなくて、ネパール人が多かったりするようだが。それは欧米の寿司屋で日本人ならぬ、他のアジア人が握っていたりするのと同じか。カレー屋のインド人、寿司屋の日本人料理人は他よりもギャラが高いとか（そして、日本人の場合は言葉の問題が大きかったり）。

食材にしても、香菜《シャンツァイ》やナムプラなど入手するのに苦労したものだったが、いまやそこらのスーパーに普通にある。

インドのカレーにしても、キーマやバターチキンと呼ばれるものが、普通になった。『カレーライスと日本人』を最初に出したころは、通好みのメニューであったのが、常識となった。レトルトさえある。あるいは「いなば」のシリーズのように、百円の缶詰でもグリーンカレーやバターチキンカレーがある。カレーとは関係ないが、北アフリカのタジン鍋が、あっという間に広まったりする時代だから、当然かとも思われるが……。ネットで拡散する時代でもあるし。

そうそう。そのタジンで思い出した。監修していたカレーをテーマにした漫画、『華麗《カレー》なる食卓』で、珍しいだろうとネタとして出したカレーが、たとえば、そのキーマやグリーンカレーでも、気がつけば誰でも知っているものになっている。それは驚かないが、タジン鍋も十年ほど前だったか、モロッコに出かけたときに、面白いと思って、漫画のネタに使った。それがあっという間に。読み返すと、何が珍しいの、普通にあるではないかという話になってしまっている。そんな時間が流れたのだ。

カレーは融通無碍

さて、日本のカレーはこれからどうなるか。よく、そんな質問を受ける。

四章に出てくるが、『カレーライスと日本人』を書いたとき、国会図書館などにある明治時代の料理書、婦人雑誌などをずいぶんと調べた。そうしたら、いま見てもユニークな食材を使ったカレーがいっぱい載っていた。

要するに、あれやこれや試行錯誤を繰り返したということなのだろう。その上で、ジャガイモ、ニンジン、タマネギのカレーのように、あるいはソース状のカレーのように定番として定着したものもある。忘れ去られたものもあるということだろう。

カップ麺やコンビニのメニューと同じなのかもしれない。試行錯誤が繰り返され、その中で少しだけ、定番となり残るものがある。コンビニのそれは、POS（point of sale＝販売時点情報管理）というシステムで、すぐに売れた売れないの結論が出る。そのためにじっくりと、徐々に売れていくというものはあり得なくなってしまうが、基本的な構造は同じなのかもしれない。新しい工夫が生まれ、定番となったり廃れたりの繰り返し。

種を掛けあわせ時間をかけて、より収穫量の多い、より病気に強い品種へと作り上げてきたものが、いまや遺伝子の操作でそれができてしまう。その善し悪しはともかく、そのくらい素早く、新しい料理も廃れたり、定着したりしているようにも思われるということだが、その中でも確実に定着しているカレーがあるということか。

これも書いたと思うが、同じ国民食でもラーメンは自然発生的に広まったから、自由度が高く、地域の味となったのに対し、カレーは軍隊や学校の寮などから広まったので、基本的なレシピをどこでも共有していた。地域の味とならずに全国で、ほぼ同じものが食べられてきた。どこで食べても、具はジャガイモ、ニンジン、タマネギというカレー。

しかし、カレー伝来から百年を遥かに超えて、地域の味にもなりつつある。札幌のスープカレーのように。そのような流れがさらに広まるのではないか。札幌ラーメンや九州ラーメンがあるように、それぞれの地域のカレーが。そうなっても、驚くことは何もない。カレーは融通無碍《ゆうずうむげ》なのだ。

関連書籍

『カレーライスと日本人』と関連した書籍についても触れておきたい。

まず、わたし自身が関連して書いたもの。

●『カレーライスがやってきた』（福音館書店、一九八八年）

学術文庫版のあとがきにも触れている通り、実はこの写真絵本を作る話が先に進んでいたが、『カレーライスと日本人』もすぐ後に生まれた。子供向けに、カレーが如何にして日本のわたしたちの食卓に定着していったか、を書いている。この写真絵本をベースに、大阪書籍の「小学国語」四年生の教科書にも、「カレーの旅」という話が掲載された。

●『森枝卓士の「カレー三昧」』（雄鶏社、一九八九年）

写真絵本と新書を書くために調べていたら、レシピもたまった。それで、カレーの作り方の本として書いたもの。当時としては手軽に本格派のインドカレーを、あるいは東南アジアのカレーを、と珍しいレシピが満載だったのだけど、いまとなっては当たり前に？

●『森枝卓士のカレー・ノート』（雄鶏社、一九九五年・集英社文庫、一九九九年）

ほぼイラストでモノクロのエッセイ本のような作りの「カレー三昧」が好評だったので、カラー版をと作ったのがこれ。より、普通の料理本に近い（？）作りであるが、やはり、インドや東南アジアのカレーレシピ。それに加えて雑誌の取材で仕入れた日本のカレー（たとえば、志摩観光ホテルの伊勢海老のカレーをアレンジしたり）も。

●『アジア菜食紀行』（講談社現代新書、一九九八年）

カレーへの興味から、ヴェジタリアン＝菜食主義者に向かった。インドでも最も敬虔な菜食主義者であるジャイナ教徒の家に泊まり込んで料理を教わったり……。そして、さらにスパイスの文化についても考察した。これをベースにレシピとエッセイの『週末はヴェジタリアン』（ちくま文庫、二〇〇二年）も。

●『華麗《カレー》なる食卓』ふなつ一輝作、森枝監修（集英社、二〇〇一―二〇一三年）

全四十九巻のコミックス。おそらくは世界初というか空前絶後のカレーをテーマにした漫画。その監修ということでレシピを。インドや東南アジアなどの一般的なカレーにはじまり、エル・ブジなどのカレーとは縁もゆかりもない特殊な新しい料理まで、カレーにアレンジした。別巻の扱いで、『華麗なる食卓　美味なるレシピ編』も。漫画に登場した料理が実際に作れるというのがポイントだった。

わたしが関係した書籍以外で、新書発刊以降に出た、カレー関連の書籍も紹介しておきたい。これらの本と拙著を併読していただくと、さらに広くカレーの世界が見えてくるのではと思われるものを。

●『カレーの歴史』コリーン・テイラー・セン著、竹田円訳（原書房、二〇一三年）

シカゴ在住でインドの食に造詣の深いフードライターによるレシピ付きのカレー史。カレーの通史、広がりを含めて要領よくまとまっている。日本語で書かれたインドの食の歴史書はほとんどないので（英語では本文中に触れた"Food & Drinks in Ancient India" by Om Prakash ,1961 と"Indian Food:A Historical Companion" by K.T.Achaya, 1994 の二冊が教科書のような通史としてあるが。ただし、前の本はすでに探すのは難しいかもしれない）、その意味でも貴重か。

●『インドカレー伝』リジー・コリンガム著、東郷えりか訳（河出書房新社、二〇〇六年）

イギリス人の著者によるインド食文化史。インドについてもよくまとまった本だが、特にイギリス人（等ヨーロッパ）が如何にカレーに触れ、受け入れたかが興味深い。

●『インド・カレー紀行』辛島昇（岩波ジュニア新書、二〇〇九年）

インド史の碩学《せきがく》は夫人とともにカレー、インド料理について書いたり、インタビューに答えたりしてきたが、意外とまとまったものがない。ジュニア新書という中高生あたりをターゲットのシリーズではあるが、インドの食文化についての最もよくできた入門書となっていると思う。

●『中村屋のボース――インド独立運動と近代日本のアジア主義』中島岳志（白水社、二〇〇五年）

本文中にも少し触れたが、今や若手論客として知られる著者の、出世作といっていい著作にして、日本とインドの食のつながりについても、すばらしくよくまとまった本である。ボースと中村屋の関係についてはそれなりに知られているとは思うが、それを徹底して調べたもの。

●『カレーライスの誕生』小菅桂子（講談社学術文庫、二〇一三年）

日本伝来については、この一冊。『近代日本食文化年表』のような、大変な食の文化史の仕事をしてきた著者ならではのカレー本。

●『カレー大全・上下』（プレジデントムック dancyu 復刻版、二〇一〇年）

雑誌的なカレーについての資料としては、これが最良。食の雑誌、dancyu が創刊以来のカレー特集をまとめてムックにしたものである。新しいアレンジなどせず、当時のページをそのまま復刻しているので余計に資料としても興味深い。どのようなカレーが作られ、それが一般化していったか、ビジュアルとしてもよく理解できる。かなりの頻度でわたし自身が登場しているので、その意味では若干、手前味噌になるが。

そのほか、「世界の食文化」(石毛直道監修、農文協) のシリーズで、インドの巻や東南アジアの巻など参考になるものも多いはず。わたしはベトナム・カンボジア・ラオス・ミャンマーの第4巻を書いている。

学術文庫版あとがき―個人的なその後

新書のあとがきにも書いているように、もともと、誰もが外国から入ってきたと知っているのに、国民食といえるほど愛されているのは何故か、どのようにしてそうなったのかという興味からカレーをテーマに選んだのだった。それも、当初は子供の本、写真絵本を作ろうとしていた。『カレーライスがやってきた』（福音館書店、月刊絵本「たくさんのふしぎ」の一九八八年十二月号として。一九九二年に傑作集として単行本化）となる話を、同社のたくさんのふしぎ編集部にいた、高橋順一さんと相談していた。ちょうど、その頃、講談社現代新書編集部にいた堀山和子さんから、「カレーについての本を書かないか」と誘われた。

お付き合いがあったわけではない。それ以前に、東南アジアや韓国の食文化について、あるいはアジア中の麵類を食べ歩いての本を書いたりしていたもので、カレーのことを書かせても面白いかと思われたらしい。それでお会いしたのだった。

そういえば、誰もがもともとインドのものだと知っているカレーが、日本で国民食といっていいほど定着しているのは何故だろうという疑問を抱いた。そして、下調べをしているうちに、それはおそらくは明治以降の日本での西洋文明受容の一つの典型的な物語ではないかと思い至った。

　司馬遼太郎のような鳥瞰、大局からの視点など持ち得ぬ凡人としては、個別の日常的な食べ物から、近代を考えたいと思うようになっていた。

　それにしても、不思議な偶然に驚きながら、子供向けの本と新書の両方で、まるでチームのように仕事は進んだ。下世話な話ではあるが、書籍の取材ということでは、普通は取材費など出ない。雑誌の企画としてなら、どうにかなる（こともある）。そこで、月刊のこの写真絵本の経費と、それから付き合いのあった週刊誌（今はなき週刊宝石）の企画もの等々の取材ということで、インドや英国を旅して回り、図書館に籠もり、本ができあがった。

　さて。そんなわけで、写真絵本と新書がセットでできあがるという特異な経験をしたわけだが、それにしても、書いたときはいろいろとあるテーマのうちのひとつ、くらいの位置付けでいた。少なくとも、自分自身は。

　ところが、想像を超えた反響をいただいた。絵本は小学校の国語の教科書に掲載され、調理法の本を書けとか、関連するエッセイをとか、テレビで……とか。極めつきは、その少しあとに創刊された dancyu という食の雑誌。この担当者が、わたしに「カレー大王」などというキャッチフレーズをつけたものだから（カレー大王、インド再発見の旅……とか）、すっかり、カレーの専門家のようになってしまった。

いや、正確ではないか。極めつきといえば、もっとあった。「ヤングジャンプ」という青年漫画誌から、カレーをテーマにした漫画の連載をするので監修をしてくれ、と。

それが、『華麗《カレー》なる食卓』（ふなつ一輝作、集英社）である。『美味しんぼ』や『クッキングパパ』のようなバラエティー豊かなテーマならともかく、まさか、カレーだけの漫画がそれほど続くとは思いもしなかったが、気がつけば十二年続いた。コミックスでは全四十九巻である。それにレシピブックなどスピンオフも加えると五十冊を超えるのだ。

ヤングジャンプといえば、『サラリーマン金太郎』とか『GANTZ』とかのようにテレビや映画、アニメになったりしている作品も多数あるなかで、今のところ最長不倒とでもいうべき長きにわたっての連載になったのだ。もちろん、漫画家の卓越した画力、そして程良い（？）エロティシズム等々の要素があった。とはいえ、カレーだけの漫画がそれだけ続いたのである。

言葉を換えると、わたしはその間ずっとカレーと関わってきたということなのである。コンビニだけの発売、しかも期間限定とはいえ、レトルトのカレーという商品を作ったりまで。エッセイの類など、数え切れないくらい書いた。

親がカレー大王と呼ばれていたから子供は「カレーの王子さま」(というカレーがS&Bから実際にでている)かといわれていた息子たちも、片方はあろうことか料理人となった。片方は全然違う道を選んだが、父親と同じ大学を出た。もとの本が出たときに片方はまだ赤ん坊、もう一人は生まれてもいなかったのに。

カレーを食べてきたというよりも、カレーに食べさせてもらってきたというべき日々であった。

足を向けて眠れないことは間違いないが、さて、このお付き合い、いつまで続くものか。おそらくは死ぬまで……?

二〇一五年五月　　森枝卓士

本書の原本は、一九八九年、講談社現代新書として刊行されました。

森枝卓士（もりえだ　たかし）

1955年，熊本県水俣市生まれ。国際基督教大学で文化人類学を学ぶ。写真家，ジャーナリスト。大正大学客員教授。早稲田大学などでも食文化を講じる。著書に，『食の冒険地図』『世界の食文化4　ベトナム・カンボジア・ラオス・ミャンマー』『食べもの記』『手で食べる？』『食べているのは生きものだ』『考える胃袋』（石毛直道と共著）などがある。

講談社学術文庫

定価はカバーに表示してあります。

カレーライスと日本人《にほんじん》

森枝卓士《もりえだたかし》

2015年8月10日　第1刷発行

発行者　鈴木　哲
発行所　株式会社講談社
東京都文京区音羽2-12-21 〒112-8001
電話　編集（03）5395-3512
販売（03）5395-4415
業務（03）5395-3615
装　幀　森　裕昌
印　刷　豊国印刷株式会社
製　本　株式会社国宝社
本文データ制作　講談社デジタル製作部

ISBN978-4-06-292314-9

「講談社学術文庫」の刊行に当たって

これは、学術をポケットに入れることをモットーとして生まれた文庫である。学術は少年の心を養い、成年の心を満たす。その学術がポケットにはいる形で、万人のものになることは、生涯教育をうたう現代の理想である。

こうした考え方は、学術を巨大な城のように見る世間の常識に反するかもしれない。また、一部の人たちからは、学術の権威をおとすものと非難されるかもしれない。しかし、それはいずれも学術の新しい在り方を解しないものといわざるをえない。

学術は、まず魔術への挑戦から始まった。やがて、いわゆる常識をつぎつぎに改めていった。学術の権威は、幾百年、幾千年にわたる、苦しい戦いの成果である。こうしてきずきあげられた城が、一見して近づきがたいものにうつるのは、そのためである。しかし、学術の権威を、その形の上だけで判断してはならない。その生成のあとをかえりみれば、その根は常に人々の生活の中にあった。学術が大きな力たりうるのはそのためであって、生活をはなれた学術は、どこにもない。

開かれた社会といわれる現代にとって、これはまったく自明である。生活と学術との間に、もし距離があるとすれば、何をおいてもこれを埋めねばならない。もしこの距離が形の上の迷信からきているとすれば、その迷信をうち破らねばならぬ。

学術文庫は、内外の迷信を打破し、学術のために新しい天地をひらく意図をもって生まれた。文庫という小さい形と、学術という壮大な城とが、完全に両立するためには、なおいくらかの時を必要とするであろう。しかし、学術をポケットにした社会が、人間の生活にとってより豊かな社会であることは、たしかである。そうした社会の実現のために、文庫の世界に新しいジャンルを加えることができれば幸いである。

一九七六年六月

野間省一